现代大学治理

治理体系与治理能力现代化研究

郭春发◎著

知识产权出版社
全国百佳图书出版单位
—北京—

图书在版编目（CIP）数据

现代大学治理：治理体系与治理能力现代化研究/郭春发著．—北京：知识产权出版社，2024.3

ISBN 978-7-5130-9019-3

Ⅰ.①现…　Ⅱ.①郭…　Ⅲ.①高校管理—研究　Ⅳ.①G647

中国国家版本馆 CIP 数据核字（2023）第 240821 号

责任编辑：韩婷婷　栾晓航　　**责任校对**：潘凤越
封面设计：邵建文　　**责任印制**：孙婷婷

现代大学治理：治理体系与治理能力现代化研究

郭春发　著

出版发行：	知识产权出版社有限责任公司	**网　　址**：	http://www.ipph.cn
社　　址：	北京市海淀区气象路 50 号院	**邮　　编**：	100081
责编电话：	010-82000860 转 8382	**责编邮箱**：	4876067@qq.com
发行电话：	010-82000860 转 8101/8102	**发行传真**：	010-82000893/82005070/82000270
印　　刷：	北京中献拓方科技发展有限公司	**经　　销**：	新华书店、各大网上书店及相关专业书店
开　　本：	720mm×1000mm　1/16	**印　　张**：	12.25
版　　次：	2024 年 3 月第 1 版	**印　　次**：	2024 年 3 月第 1 次印刷
字　　数：	204 千字	**定　　价**：	68.00 元

ISBN 978-7-5130-9019-3

前言

现代大学治理制度作为创新型的高校治理模式，源于16世纪意大利大学所创立的由社会人士组成的委员会管理形式，后来在美国得到了充分的发展。该制度于20世纪初传入我国，20世纪末开始在我国快速发展。中国现代大学的兴起，使传统中国书院教育走向终结，中国的大学教育走上借鉴世界大学教育并与其融合的道路，大学治理水平成为大学竞争力的标志。大学治理现代化的受制因素，大学治理涉及的教育公平和社会公平等问题，已经成为各国教育发展和研究的重点问题。

我国大学治理制度是在借鉴西方大学治理制度经验的基础上发展起来的。在知识经济与全球化竞争的时代，世界各国大学都在孕育着新的变革。通过构建现代大学治理体系，赋予大学更多的自治权，提高大学的国际竞争力和追求学术卓越，已经成为政府推进高等教育改革的方法之一。建立和完善大学治理制度，处理好大学与政府、市场、社会的关系，也是我国高校治理需要探索的课题。《国家中长期教育改革和发展纲要（2010—2020年）》指出，要探索构建高等学校理事会或董事会等多种治理模式。研究大学治理是实现高等教育公共性的要求，是提高大学治理水平的需要，是大学管理去行政化的重要途径，是大学适应产学研合作的客观需要，也是大学管理民主化的需要。

本书运用委托代理理论、利益相关者理论、社会参与理论分析了影响大学治理的行政权力、市场权力和学术权力等三大权力机制以及大学的外部治理体系和内部治理体系等两大治理体系，由此构建大学治理的分析框架。本书以法国、英国、德国、美国、日本的25所大学为样本，分析西方大学治理的发展历程和模式，并阐述大学治理的类型、职能和作用，指出影响大学治理制度的内外部治理体系，以及大学治理制度的外部治理规则和内部治理规则。

大学治理制度的外部治理体系主要是处理好大学与政府、大学与市场的关系。本书通过对五国大学的法人地位、国家干预大学的模式和限度的分析，论证了大学治理制度的民主参与性原则。

大学治理制度的内部治理体系主要是处理好管理权力和学术权力之间的关系。本书通过对各国大学治理制度的性质、结构、使命、职责、运行机制进行比较，分析大学治理中内、外部人士参与大学事务的决策、监督的利弊。

大学治理制度不仅存在国别差异，而且一国的不同发展阶段也会采取不同的模式。以各国的大学治理模式发展为线索，本书分别考察了法国的巴黎行会、集权理事会、参与型理事会等治理模式，英国的津桥、1992年前大学、1992年后大学等治理模式，德国的教会主导型、教授主导型、政府主导型、共同治理型等治理模式，美国的校外人士主导型、教师主导型、校长主导型、共同治理型等治理模式，日本的教授主导型、校外人士主导型和多元参与型等治理模式，以揭示大学治理制度的演变规律和内在动力。

当前，我国大学的治理水平参差不齐，治理职责、治理结构、治理效率不尽相同，主要存在的问题有：从外部治理体系上看，在现有的法律框架下，公办大学董事会的法律地位不明确，不具有相应的治理权力；民办大学董事会尚未建立权力制衡机制。从内部治理体系上看，存在各种权力职责不清、权责不分等问题。解决问题的关键在于重构政府与高等学校的关系，加强学校、政府和市场的良性互动。所以，我国有必要从明晰大学的法人地位、优化大学的权力配置结构、平衡利益相关者利益、建立民主参与型的规范体系等多重角度，建构新型的大学董事会制度。高等教育治理体系与治理能力的现代化是对一种新型的治理模式与理念进行的建构，在这种治理背景下，各高校越来越强调各个部门之间的相互协作，共同建构治理系统，共同参与制度制定，责任共担。

在西方经济处在发展的十字路口之际，中国的治理思想为人类文明的发展提供了无尽的文化宝藏和思想资源。同样，中国大学的发展也为世界解读了中国高等教育快速发展的独到智慧。本书从大学治理的价值、大学内部治理体系、大学外部治理体系、大学治理模式的演变、大学治理体系与治理能力现代化等角度阐述大学治理模式的生成与大学价值观的再造，从而推动我国大学治理的现代化进程。

CONTENTS 目录

第1章

导　论

1.1 选题背景与意义

1.1.1 选题背景

大学治理制度作为创新型的高校治理模式，最早起源于英、美等国，于20世纪初传入我国，20世纪末开始在我国有了快速的发展。我国现代大学治理制度是在借鉴国外大学治理制度经验基础上发展起来的。20世纪二三十年代，云南大学、暨南大学和厦门大学先后引进董事会的治理模式，在筹措教育资金、加强与社会联系方面起到一定的积极作用。但是，这些大学在引入董事会制度时，没有根据当时中国的实际情况进行消化改良，而是采取了简单的照搬照抄方式，过度扩大董事会职能，在实践中产生了一些矛盾和冲突，最后导致大学董事会治理模式被弃用。

当前，我国大学治理水平参差不齐，有的大学治理制度职责分明，治理结构合理，治理效果良好；而有的大学治理制度职责不明确，治理结构不合理，治理机制不健全，处于组织松散、难以为继的状态。特别是，大学治理立法的相对滞后，已经严重地阻碍大学治理健康发展。只有大学治理体系完善了，才能提升其治理能力。

1. 政策与法律背景

2010年发布的《国家中长期教育改革和发展规划纲要（2010—2020年）》提出了“完善中国特色现代大学制度”，其目标是完善大学治理体系，实现治理能力的现代化。教育部先后颁布了《高等学校章程制定暂行办法》《学校教职工代表大会规定》《高等学校学术委员会规程》《普通高等学校理事会规程（试行）》等政策文件，确立了大学治理结构的基本框架。大学治理模式的改革主要侧重于政府简政放权的基本思路，也突出强调了高校要在内部治理结构中注重完善治理结构、突出党的领导、学术委员会建设等。近年来，大学治理模式的建立和发展得到了国家的鼓励与引导。1995 年颁布的《中华人民共和国教育法》第 31 条明确规定了学校的法人地位。《国家中长期教育改革和发展纲要（2010—2020 年）》指出要探索建立高等学校理事会或董事会。可以说，20 世纪 80 年代以来，国家在法律、政策方面为大学董事会的建立和发展提供了良好的外部环境。进入新时代，中国大学发展中存在的主要问题是大学治理体系现代化程度不高，不能满足人民日益增长的高等教育质量诉求、现代国家治理和社会治理的要求。[1]

2. 社会背景

改革开放以来，高等教育的投资主体发生了变化。在计划经济体制下，大学的投资主体为政府。在市场经济条件下，企业和社会的捐资助学也成了教育的投资主体。高等教育利益主体和投资主体的多元化，促进政府从全能型向民主参与型转变。在高等教育大众化的背景下，大学运营成本成倍增长，社会对高品质高等教育的需求迫切，这些都对高校的运营提出了挑战。有学者就提出了高等教育市场化的观点，市场化或产业化有利于办学主体的多元化，有的学者甚至认为在知识经济时代，高等教育是最重要的产业，是可以带动其他产业发展的基础产业。

教育产业化带动各地的教育治理模式的移植，多国学生大规模向发达国家迁移对发展中国家的治理模式带来了更多的挑战，高等教育出现了阿特巴赫提出的高等教育“中心—边缘”理论。从全球化的角度看，教育市场的国际化竞争已经成为现实，发达国家十分重视高等教育的产业性功能，高等教育市场正在不断地被瓜分。正是在国际国内市场的变化以及政府职能的转变

[1] 孙杰远. 国家治理背景下大学治理现代化的本质与策略［J］. 国家教育行政学院学报，2020（2）：6.

下，高等教育内部孕育了新的变革。通过建立现代大学治理制度，赋予大学更多的自治权，提高大学的国际竞争力和追求学术卓越，已经成为政府推进高等教育改革的方法之一。建立和完善大学治理制度，处理好大学与市场、政府和社会之间的关系，是今后我国高校治理需要探索的课题。

1.1.2 选题意义

1. 研究大学治理制度要符合高等教育公共性的要求

高等教育产品是介于公共物品和私人物品之间的一种商品，具有准公共产品的属性。高等教育产品具有私人产品的属性和一定程度的排他性和竞争性。高等教育又有公共产品的特性。高等教育提供的是服务，这种服务的特殊性就在于它是一种生产性服务。从组织的角度探讨教育产品的属性，所有组织都是公共的。从教育权的发展历史来看，教育权的每一次进步，都是符合社会历史背景所承认的公共性原则推动的（秦惠民，1998），从在受教育权的角度来看，呈现的是受教育权特权化、宗教化、国家化、社会化、个性化范式的不同特点和演进轨迹（孙霄兵，2003）。大学治理制度要符合（受）教育权的演进规律，体现高等教育的公共性。

2. 研究大学治理制度是完善大学治理体系的需要

在我国，现代大学治理制度的导入是与我国市场经济的发展相关的。在市场经济不发达的时候，现代大学治理制度并没有受到人们的重视。1998 年颁布的《高等教育法》没有规定现代大学治理制度。那时候，大学治理与社会联系不紧密，大学也不注重经营。伴随着高等教育规模的扩大，社会对高等教育的需求也日益增多，高校与社会的联系也日益增强，这就要求现行大学治理结构必须不断变革，以满足大学改革与发展的根本要求。面对市场经济条件下的激烈竞争，高等学校要更好地生存和发展，就必须成为独立的法人。大学在遵循教育发展规律的前提下，逐步建立和完善现代大学治理制度，实现大学法人化治理、自主经营与民主决策，才能提升大学教育质量、规模与整体竞争力。在大学内部管理中导入董事会管理之后，大学的治理结构也发生了变化。新的治理结构必须满足大学决策、运营、监督与管理的有效运行，必须充分吸收社会各界参与大学管理与民主决策，始终保持大学的“相对独立”和良好声誉，负起它的各个组成部分应该承担的责任与义务。我国当前由社会转型而导致了学校领域中学术力量、政府力量、市场力量的分离实质上是一个权力重构的过程，必须在政府与学校、市场之间进行合理的权力配置，并建立完善的法律调控机制，包括规范（法律规范、市场规范和组织规范）、条件（政治环境、社会心理和经济文化等条件）以及手段（政治机制、市场机制和公共援助机制）（劳凯声，2003）等要素。

3. 研究大学治理制度是实现大学治理现代化的重要途径

大学首先是一个组织。作为组织，它就具有官僚制的特征，这种官僚制与政府的管理体制又是一脉相承的，历史上我国对大学的管理采用集权模式，大学行政与政府行政几乎没有什么区别。大学作为学术性组织，其治理结构设计是要保障学术活动的顺利开展，而绝不是简单复制行政组织的模式。大学行政化是指政府行政权力和大学组织的行政权力过度介入大学学术领域，使大学运行偏离学术运行的轨道，乃至产生了一系列“官本位”取向的制度规范，这不利于高等教育质量的提高。大学组织是一个“松散联合系统”（伯恩鲍姆，2003），教育改革需要一种新的综合性的制度设计，只有这样才能去除科层官僚制，为学术研究提供自由空间。大学是独立的法人实体，国家所制定的现行法律法规和既定的大学董事会章程应当能够保障大学办学自主权和自主经营管理权。我国现代大学中完全决策型、半决策型、咨询筹资型和纯筹资型四种类型董事会职能（郭为禄，林炊利，2012）对改善大学的内部决策有积极的意义。可以说，现代大学制度的引入，能优化党的领导方式，政府对大学的方式也从直接管理变为间接管理。对于发展中国家来说，这就是为了追赶发达国家的教育状态的过程。《中国教育现代化 2035》对推进教育现代化提出了八个基本理念：更加注重以德为先，更加注重全面发展，更加注重面向人人，更加注重终身学习，更加注重因材施教，更加注重知行合一，更加注重融合发展，更加注重共建共享。这八个理念都是与教育治理相关的。

4. 研究大学治理制度是适应产学研合作的客观需要

大学治理要处理好的第三个关系是政府与社会的关系，建立现代大学治理制度也是大学面向社会的必然要求。从历史发展看，大学职能的发展经历了三个阶段：第一个阶段是纽曼大学理念为代表的主张大学坚持单一的人才培养职能，第二个阶段是以柏林大学为代表的科学研究职能，第三个阶段是“二战”以后威斯康星大学提出的社会服务职能。纵观这三个发展阶段发现，大学与社会现实的联系越来越紧密。现代大学治理制度建成后必将会形成开放、灵活、多元化、弹性化的高等教育发展格局。现代大学治理制度的成立及其制度建设与理论创新，开拓了大学与经济、社会、职业界及民间组织多向联系的渠道，形成了良性互动的协作机制。现代大学治理制度具有双向参与、双边交流、双重服务、双方收益的功能与作用，有利于大学主动适应社会发展，适应市场选择，能够促使政府的公共服务行为、民间的组织经营行为和大学的教育管理行为完美、有机地结合起来。

5. 研究大学治理制度是管理民主化的需要

大学民主管理是大学社会主义性质的要求，是《高等教育法》《学校教职工代表大会规定》等法律法规和文件政策规定的内容，社会主义大学办学的思想、目标、任务变成了广大教职员工的自觉行动，民主政治建设推动我国大学的管理水平和办学水平、办学规模和办学效益不断提高，为社会主义现代化建设作出了历史性的贡献。现代大学治理制度具有决策民主化、透明化的特征，是管理科学化的保障。学校作为社会系统的组成部分，实施学校管理民主化，是学校管理发展的必然趋势。

1.2 文献综述

1.2.1 国内外现有研究现状

大学治理制度源于16世纪意大利大学所创立的由社会人士组成的委员会的管理形式，后来在美国得到了充分的发展。20世纪以来，美国式的大学董事会管理模式在世界上的影响更加深远，并成为许多国家采用的一个行之有效的大学管理体制。从欧美各国的大学治理模式看，有英美分权制模式，有法德集权制模式和现在趋同的共同治理模式。这些模式是否具有成效，与各国的政治、经济和文化背景息息相关。目前，国内对大学治理制度的研究较为匮乏，以大学治理为题的专著不多，相关的论述主要包含在有关“大学董事会”或“大学治理”的研究中。从现有的文献来看，大学治理的研究主要从四个方面来概述。

1. 大学治理的外部治理体系

作为大学治理的一种模式，大学治理首先要受大学外部治理体系的影响。林德布洛姆（1992）所提出的社会控制模型（权威、交换和说服）很好地说明了外部治理体系对于组织的控制。Philip G. Altbach，Robert O. Berdahl，Patricia J. Gumport（2006）等在分析21世纪将持续影响高等教育的种种力量时得出结论：引导教师、学生与行政领导人员努力的方向，关键在于了解大学与外在力量之间复杂的互动关系。吉提尼（2006）认为文化和符号过程与结构都是有效治理的基本要素，并强调沟通路径与承认话语力量的重要性。克撒提出了一个政治、社会认知、文化的复合模型来揭示大学治理模式变迁的原则。大学治理制度的外部治理体系主要是处理好大学与政府、大学与市场的关系。例如，Werner（2001）指出了政治权力在欧陆大学治理模式中的影响力和影响方式，彼得·斯科特通过分析大学治理的历史演变中的五种高等教育治理模式时指出了外部董事会的控制模式，王绽蕊（2010）也总结了美国大学董事会外行董事会制度的特点。越来越多的学者认识到大学外部治理体系的重要性，例如张维迎（2006）研究了市场权力对高等教育治理的影响后认为，大学治理结构必须平衡所有利益相关者的利益。

2. 大学治理的内部治理体系

Corson（1970）分析了大学的内部治理结构，他把大学的内部治理体系分成管理权力和专业权力两种类型。组织结构中的职位决定了管理权力，专业知识决定了专业权力。这种类型的权力冲突不断，如何协调管理权力和专业权力，成了大学治理中一个棘手的问题。Weick（1979）创立了耦合度来反映管理权和专业权的依赖关系，并认为专业权与管理权处于松散耦合关系时比较独立。Mintzberg（1979）在组织理论中也提出同样的看法，他认为20世纪70年代，专业化官僚权力和教师的专业权力组合成的新型的权力结构，明确了组织内部的自治要求。但是，多元主体参与大学治理也存在一些弊端，有学者认为组织中的这两种权力的分化已经影响了校长的决策效率。由此，科恩和马奇（1987）构建了一种有组织的无政府模式，并用垃圾桶来描述那些目标模糊、技术不定以及参与流动的组织的决策。另外，范德格拉夫（2001）提出的高校十大权力类型中提到了专业权力这一概念。国内学者对这两大权力关系的分析也很多，如张德祥（2002）、秦惠民（2002，2006）等就探讨过学术权力和行政权力之间的关系。

3. 大学治理的运行机制

治理运行机制是大学治理的现实路径，体现大学治理的一般规律，又体现了不同国家和大学的特点，具体而言包括四种形态，即依规有序治理、建立监督和问责机制、协商合作治理、保障个体权益（李立国，2018）。大学治理的影响因素有很多，大学董事会的性质、构成和规模、使命和职责、运行机制是大学董事会运行的效率体现（郭为禄，林炊利，2011）。从大学治理制度性质上看，首先，大学治理主体行使非营利组织的功能。学者Wolf提出：非营利组织特质——服务大众的使命、非营利或慈善团体的组织结构、管理结构无法使个人利己营私、本身具有合法免税地位及具有可以提供捐助人减/免税的合法地位五项，高等教育的特征符合以上五项非营利组织的特质（Wolf，Thomas，1999）。其次，大学董（理）事会是大学治理的责任主体，是管理或建立政策的主体，为机构所规定的合法责任负责（Barbara，1993），角色在于评价机构的绩效表现，尤其当危机来临时，董事可能还要协助机构稳定局面（Houle，1997），董事会是一群有组织的人民团体，具有集体性的权威，用以控制或辅助组织的运作（谢儒贤，1999），但其董事不代表权势而是责任。最后，大学董（理）事会是大学事务的决策、监督机关。何卓飞和盛海音考察美国著名大学校务发展与运作的报告书中指出，董事会主要扮演校务监督的角色，是学校最高决策单位，具有聘请校长、财务管理及学费决策权，对学校的教务发展计划、基金投资、决算之审核有完全的主导权（张国保，2003）。

大学董事会的规模影响大学的绩效，大学章程一般会对董事会规模和组成进行严格的限制。针对大学治理与绩效之间以及非营利组织中的非营利董事会与绩效之间的联系的研究很少（McCormick and Meiners，1988；Brown，2001；Masten，2007）。对于大学董事会结构与绩效之间的关系以及大学董事会特色的决定因素还没有实证研究。Hermalin（2006）研究了决定大学或其他非营利性组织的董事会规模与绩效之间反向关系的价值。Bowen（1996）和Freedman（2006）提出，大学董事会过大的原因在于要为众多的赞助者服务，来代表各组织的利益。大学董事会规模没有约束机制，这是其遭受更多的批判的原因。Bowen 和 Jensen 指出，企业董事会是完全由资本市场、法律、政治或监管制度所制约的，产品市场与要素市场以及内部控制制度都是由董事会领导的。大学与市场因素是隔离的，当大学抢生源、抢捐赠时，他们不会受到企业自我约束的市场压力或者直接的市场评价。与企业相比，由于没有自我约束机制，大学长期以来进行着无效率可言的运作。另外，大学董事会自我约束力度在不同性质的大学表现也不尽相同（Bowen，1996，1997；Jensen，1993）。Masten（2007）发现，公立学校与天主教学校在治理方式的问题上比较集权，在管理控制问题上比其他利益相关者具有更大的作用。

从大学董事会的职责与功能上看，张国保（2003）综合了 Meyerson 和 Johnson、Ingram、Kerr 和 Gade、Zwingle 多位学者的观点，归纳出高等教育董事会的功能包括以下八点：拟定办学理念；遴选董事长及董事；遴选校长维持校务运作；财务监督与管理；决定学校经济战略；自我评价董事会表现；领导监督及执行董事会决策；募款及筹措学校财源等。董事会责任（Barbara，1993）包括：选择、支持和评价执行长官；检视和保护组织的使命；努力经营组织；作为组织信托的代表；确保组织的财务能力；作为组织的代表和发言人；定期评估组织的方案；向组织传达社会和非专业的观点；当有内在冲突时，不得已才诉诸法律；定期自我评估。学者 Wolf（1999）提出了董事会的职责：决定组织的任务和发展方向，确保组织的章程及规章得到贯彻实施；制定组织全年规划和长期计划；建立预算和财务制度；募集组织发展资金和其他组织活动的资源；选聘组织的执行长官；与社区保持交流合作关系。其还提出了董事会不应该参与的三项职权：直接参与组织的日常运作；选聘组织的普通人员；未经调研而草率制定具体计划。因此，董事会要能切实发挥组织的功能，除了董事本身要对自己的职权范围有所认知外，组织内的执行长官也要在自己的职权内运作，两者彼此协调分工更进一步合作，构建有利于大学发展的组织模式。

4. 我国大学治理制度的历史和现状

我国大学董事会治理制度从民国引进以后，经历了一个不断再认识的过程，这是一个从全盘否定到逐步肯定的过程。一直到现在，大学治理制度依旧存在各种分歧。董保诚认为，引入大学董事会制度会致使管理者、被管理者角色混淆，使纷争由董事会拉长到校内，有害校园安定与发展。他反对引入大学董事会制度，并认为学校应该设立德国咨监会模式，主要扮演建言角色，并强化大学外部专业监督，避免形成封闭体，加强大学的学术和社会责任。[1] 肯定方一般把大学董事会制度局限于民办大学的研究，如付姣在《我国民办大学董事会问题研究》中论述了新中国成立前私立大学董事会发展状况和新时期民办大学董事会制度改革。实际上，现在的大学董事会不再局限于民办高校，公办高校也在探索有效的大学董事会制度模式，并且有些公办大学的董事会还在行使决策功能。有学者根据董事会在大学内部的功能与作用，把大学董事会分为领导、决策型董事会，协调、参谋型董事会，指导咨询型的董事会（王希宁，2007）。这说明大学董事会也不完全行使筹资功能。学者对我国大学董事会的运动实践和运行实践进行了综合性的研究后指出，我国大学董事会制度主要存在以下问题：大学董事会规范模式尚未建立，校长与董事会职责有待明确，董事会权力缺乏有效制衡机制（浣坚，2010；吴高臣，2011；侯玉文，2006；施永福，2009；李其原，2010）。解决问题的关键在于重构政府与高等学校的关系，建立学校、政府和市场的良性互动。因此，必须探讨学校可以独立面对市场、政府可以有效实施监控、高等教育公共性可以有效实现的法律机制（董云川，2002；朱新涛，2006；吴结，2002；黄建雄，2006；付志荣，2006）。另外，大学的责任、产权制度、文化逻辑、管理体制等内容都是必须关注的问题（郭海，2000；胡赤弟，2006；王建华，2006；

---

[1] 法治斌，董保诚．“宪法”新论［M］．台北：三民书局，2003：228.

高桂娟，2003；陈件辉，2006；雷芸芸，2006）。因此，要通过完善大学治理的内外部治理体系，推动大学治理模式的优化。

1.2.2 对现有研究的评述

通过文献综述可以发现，大学治理制度引入中国以后，成为完善我国大学治理制度，调整高校与市场的关系以及高校与政府的关系的途径和手段。但是，大学治理制度的具体规范是怎样的，是否适合或多大程度上适合中国的大学治理，需要进一步研究。第一，大学治理制度的规范性问题。大学治理制度的内涵、法律地位、运行机制是怎么样的，这些问题都需要进一步搞清楚。第二，大学治理制度在多大程度上能适应中国国情。大学治理制度进入高校治理系统后，在如何从明晰大学的法人地位、优化大学的权力配置结构、平衡利益相关者利益、建立民主参与型的规范体系等多重角度来系统研究大学治理制度对优化治理结构的积极作用方面，我国还比较缺乏。对大学治理制度的研究不能脱离当前政策与法律背景，我们要从理论和现实经验两方面发掘大学治理制度的作用和价值，逐步使大学治理制度在治理结构中发挥其应有的作用。

1.3 研究目标与内容

本书将运用大学权力理论、委托代理理论、利益相关者理论、社会参与理论等分析阐述大学治理制度的基本内涵和运行规律，总结西方大学治理制度的产生、发展和完善过程中由董事会内部治理体系与外部治理体系所形成的基本治理模式，分析我国大学治理发展现状及存在的问题，最后提出完善我国大学治理制度的政策建议。

研究的主要内容有：

（1）本研究在查阅大量中英文文献的前提下，在对大学治理制度相关概念、法律地位、大学治理设立的基本原则进行考察后，力图详细阐述大学治理制度的外部治理体系和内部治理体系，并探讨建构大学治理制度的分析框架。

（2）本研究以法国、英国、德国、美国、日本大学为样本，分析西方大学治理制度的发展历程和模式，并阐述大学治理类型、职能和作用，指出影响大学治理制度的内外部治理体系。

（3）在分析中国大学治理制度历史发展脉络的基础上，结合我国大学治理制度运行的现实问题，对大学治理结构进行实证研究，提出完善我国大学治理制度的基本思路和发展方向。

1.4 研究方法与创新

1.4.1 研究方法选取

本书拟采用的主要研究方法如下所示。

1. 规范分析法

这体现在第2~4章，主要从董事会作为法人制度、利益相关者和民主参与治理等方面分析大学治理制度的内外部治理体系，对大学治理制度的治理结构、治理机制和治理监督、治理激励等方面进行了一系列逻辑判断，并在此基础上，建立起大学治理制度分析框架。

2. 实证分析方法

这体现在第6章和第7章，主要以中国大学现有的大学治理制度为例，把规范的理论运用于实践中，并通过现实中大学治理存在的现象和问题，进一步进行理论上的探讨。

3. 比较研究法

这体现在第5章，在所比较的国家中以大学治理问题为出发点，研究这些国家大学的治理模式。对各个国家采取该模式的理由及其产生原因和未来趋势进行评价分析，找出大学治理模式的发展趋势。

4. 模型分析法

这体现在第2章，在研究大学治理模式的过程中，需要结合现有的研究基础，建构新型的大学治理优化模式。本研究从治理机制入手，分析治理运行机制以及其对大学治理系统的影响。

5. 文献研究法

通过查阅重要的国内外的大学治理制度的立法、章程和政策等大量材料，为开展研究提供便利。本研究以法国、英国、德国、美国、日本和中国的共计 30 个大学的大学治理模式为样本，建立大学治理分析的数据库，从中找出大学制度的核心要素和治理的一般规律。

研究样本如表 1-1 所示。

表 1-1　研究样本

国家样本	大学样本
法国	巴黎第十一大学、巴黎第七大学、巴黎第六大学、凡尔赛大学、雷恩第一大学
英国	剑桥大学、牛津大学、伦敦大学、开放大学
德国	海德堡大学、柏林大学、慕尼黑工业大学、哥廷根大学、法兰克福大学
美国	哈佛大学、密歇根大学、达特茅斯学院、耶鲁大学、西北大学
日本	东京大学、京都大学、早稻田大学、筑波大学、山口大学
中国	中国政法大学、西北大学、南京师范大学、江南大学、暨南大学

1.4.2　本书的创新

本书的创新之处体现在视角、分析框架与分析方法之上。具体而言，主要体现在以下几点。

(1) 从视角上看，本书从大学治理的内、外部治理体系入手，分析大学治理制度结构、运行机制和大学治理变迁。

(2) 从分析框架上看，本书系统地提出了一个大学治理制度的基本框架。将大学治理制度的相关因素结合起来，构建出一个完整的大学治理的法律体系。

(3) 从分析方法上看，本书提出了比较法视角下大学治理制度机制，提出了建设中国特色大学治理制度的对策和建议。

第2章

现代大学治理的理论基础

治理（Governance）的定义众说纷纭，并无定论。学者总结的定义有：（1）治理是一种权力关系；（2）治理是一种利害相关者之间参与的结构；（3）治理是一种信息传递的规则；（4）治理是一种法定职责；（5）治理注重的是组织绩效、组织使命、组织权力的运行机制等❶。从权力关系上看，大学治理制度是要解决大学这个组织的权力架构。从组织目标上看，要解决大学的价值、理念等问题；从组织发展的动力上看，要解决内部治理与外部治理问题以及主观因素与客观因素的矛盾问题；从组织权力的影响因素上看，要考虑政治、经济和社会的作用力；从大学治理权力的类型上看，要解决使命、资源配置和重要人员的人事任免问题；从大学治理的机制分析，要解决董事会的来源、规模、运行和制约等机制。

2.1 大学治理的内涵、类型与特征

2.1.1 大学治理的内涵

现代大学“治理”已经成为高等教育研究领域的一个重要课题。1973年，卡耐基高等教育委员会将治理定义为“作决策的结构和过程，从而区别于行政或管理”。❷ 大学治理与大学管理之间的区别在于参与的权力主体不同。

---

❶ Peterson M W, Mets L A. Key Resources on Higher Education Governance, Management, and Leadership. A Guide to the Literature [M]. Jossey-Bass Publishers, 1987: 433. Rhodes R A W. Understanding Governance: Policy Networks, Governance, Reflexivity and Accountability [M]. Open University, 1997.

❷ 刘向东，陈英霞. 大学治理结构剖析 [J]. 中国软科学，2007 (7): 97-104.

在大学治理研究中，我国学者分别从教育学、经济学和政治学等角度阐述了治理的理论渊源。

1. 权力层次的大学治理

大学治理是“大学内外部利益相关者对大学重大事务作决策的结构和过程”，治理结构的核心是决策的权力结构，也就是决策权力在不同利益相关者之间的分配模式。按照高校权力划分，有学术权力、行政权力和政治权力。[1]也有学者认为，大学权力结构主要由行政权力、学术权力和其他利益群体的权力构成。[2]中国大学权力构成分为政党权力、行政权力、学术权力、学生权力和外部权力。权力属于组织，只能表现为集体意义上的所有关系。[3]

2. 利害关系人层次的大学治理

Freeman（1984）的利害关系人理论认为，利害关系人是“任何一个会影响组织，或受组织行动、决策、政策、行为与目标所影响的个人或团体”[4]。利益相关人理论看到了大学发展是依赖于社会资源条件。在一个开放体系下的组织，组织为了生存必须仰赖重要资源而得以永续经营，因此必须与外部资源控制者进行关联。利益相关者理论认为，组织对于本身资源配置决策的重点加强与利益相关者的联系，解决利益冲突问题，避免与社会利益相违背。因而，大学治理是为实现组织公共利益而设计的。

3. 伦理层次的大学治理

有学者认为“伦理治理”包括以“‘伦理’来治理”“‘伦理’即‘治

---

[1] 谢安邦，阎光才．高校的权力结构与权力结构的调整：对我国大学管理体制改革方向的探索［J］．高等教育研究，1998（2）：20-24.

[2] 王德春．试论高校权力结构失衡与协调问题［J］．扬州大学学报：高教研究版，2007，11（3）：19-21.

[3] 林荣日．制度变迁中的权力博弈：以转型期中国高等教育制度为研究重点［M］．上海：复旦大学出版社，2007.

[4] Freeman R. E.，Evan，W. M. Corporate Governance：A Stakeholder Interpretation［J］．Journal of Behavioral Economics，1990（4）：337-359.

理'" 和 "对伦理进行治理" 三层内涵。❶ 第一层和第二层的内涵是对传统伦理的解释，而第三层被赋予了新内涵。简单地讲，"对伦理进行治理" 是对社会的 "伦理困惑" 进行评价解读的过程。这种伦理性实际上表现的就是人具有运用外在尺度、内在尺度、美的尺度的能力。❷ 按西方哲学家康德的解释，道德法则是人自我立法、自我守法的道德律，不是外在的 "他律"，而是内在的 "自律"。❸ 这与孔子的伦理治理方向是一致的。学者强调理解规则、敬畏规则和以规则为行为导向来构建伦理共同体❹，实际上与孔子所倡导的伦理治理还是不一样的，这种伦理治理更偏向于外律或法律治理，对违反规则的行为主要采取惩罚措施，真正的伦理治理是重视德性的自律或道德治理。

4. 文化层次的大学治理

从文化层次看，大学治理的文化是组织文化的表征，或者是传统文化的传承与创新。文化这个主题，中国的伦理本位文化，与西方国家个体本位文化大不相同。两千多年来，中国文化始终没有中断，它以儒家学说为核心，而儒家学说以伦理为取向，它把 "仁" 作为最高的道德标准，把君子作为个体的模范。所以，伦理本位文化主观性很强，要人不断地向上和向善。西方国家在经历中古时期后，文艺复兴和启蒙运动旨在摆脱宗教的束缚和庄园领主的束缚，于是把追求自由、权利和自治作为社会生存和发展的基本准则，并且形成了这样的传统。肇始于中世纪的大学以业已存在的行会为其雏形，把自由和自治作为其存在的根本，是不得已而为之，而不是先入为主的选择。中国的历史条件，并没有产生与西方大学同样的制度安排。这不仅有助于理解学术自由和大学自理这两项制度在中西方大学中的不同表现，而且也有助于理解消极自由和积极自由分别成为中西方社会的特征。

---

❶ 万俊人. "德治" 的政治伦理视角 [J]. 学术研究，2001 (4)：14-19.

❷ 曹海玲. 论社会主义与人的自由发展之和谐关系 [J]. 青海民族学院学报：社会科学版，2006 (1)：1-5.

❸ 陶立霞. 德性与规范的统一：道德重建的现代选择 [J]. 兰州学刊，2016 (4)：96-101.

❹ 王立，胡平. 新时期下的伦理治理理念、内涵及路径分析 [J]. 社会科学研究，2017 (6)：118-123.

5. 董事会层次的大学治理

董事会制度的起源与公司组织的发展演化紧密相连，如英国大学登记的董事会就是公司法人。董事会的外文称呼很多，英文为Board of Directors，Regrent，原指公司的治理机关。法语是 Conseil d'Administration，德语为 Des Kuratoriums，日语为评议会。《现代汉语词典》（1998 年）的定义是："指某些企业或学校、团体等的领导机构。"大学董事会的英文表述有以下四种：（1）Governing Board；（2）Board of Trustees；（3）Corporations；（4）Boards。《澳门大学章程》把大学董事会定义为制订大学发展方针并与社会加强联系的机构。

王孙禺在其主编的教材《高等教育组织与管理》指出，大学董事会制度是大学内部的一种治理方式。[1] 实际上，大学董事会制度不仅表现在大学与政府、市场之间的外部治理制度，也表现在大学内部的治理制度。从外部治理看，是社会力量通过董事会等形式对大学的决策、咨询和监督等方面进行干预，从而改变了大学的运行机制；从内部治理看，是处理大学的决策权与大学行政权、学术权之间的划分，具体地说，大学董事会的职责内容涉及学校的决策权、规划权、财务权等。正因如此，作为一种治理方式，无论是公立的还是私立的学校，都能采取董事会治理方式。大学董事会制度不过是将校外人士和校内人士、专业人员与非专业人员有机结合起来，实现大学在国家、市场、社会的大背景下共同治理的一种方式。

另外，学者们又从董事会的职能、地位等方面去定义大学董事会：Barbara（1993）认为，董事会是制定政策的主体，要为组织承担相应的法律责任，要评价组织的绩效表现。此定义注意到了董事会的决策地位、法律责任和评价功能。Houle（1997）认为，董事会是一群有组织的人民团体，具有集体性的权威，用以控制或辅助组织的运作。该定义注意到了董事会权威性，是从控制力角度去分析董事会的功能。何卓飞和盛海音（2000）认为，董事会主要扮演校务监督的角色，是学校最高决策单位，具有聘请校长、财务管理及学费决策权，对学校的教务发展计划、基金投资、决算审核有完全的主导权。

[1] 王孙禺. 高等教育组织与管理［M］. 北京：高等教育出版社，2008：350.

该定义除了注意到决策地位，还提到了监督功能以及人事权、财务权等。

综合上述的定义，本书的观点是：大学治理就是通过一套正式或非正式、内部或外部的制度或机制来协调大学与所有利益相关者之间的利益关系，通过组织的制度设计保证多种主体参与治理，使大学在坚持学术自由的原则上运行更有效率，其本质是大学治理的决策权、执行权和监督权的分配、配置的规则。

2.1.2　大学治理的类型

在林锦杏（1994）的研究中，陈述多位专家学者依不同分类标准，而区分出各种不同的董事会类型。各学者依功能、法定权力、管理学校数目、设校主体、董事的运作及董事会的运作等标准来分类（见表 2-1）。这些分类可以帮助我们理解大学治理的多层含义，企图以一种董事会治理模式来实现大学治理，那是不现实的。认识到大学治理的多面性，有助于我们理解不同类型的董事会的产生背景。

表 2-1　董事会治理模式类型的汇总

学者	分类依据	类型
Martorana（1963）	功能	管理型、协调型及管理-协调型董事会
McNeely	权力来源	宪法、法人组织及法定董事会
美国董事会协会（AGB * ）	管理学校的数目	单一、第一型复合及第二型复合董事会
Fisher（1969）	学校举办者	公立学校及私立学校董事会
Duke University（1970）	—	控制型、被动型及支持型董事会
Morton A. Rauh	董事会运作	执行型、政策型董事会
Mary KouZoglin（1977）	董事会运作	运作型、政策型董事会，但定义与上述有异
Kerr & Gade（1989）	董事会运作再细分面向分类	1. 董事会参与的程度：被动型、作客型、核视型、选择型、全面型、双校长型、重大事件型、选择型的行政及管理型董事会。2. 董事会的内在关系：俘虏型、强势董事长型、执行委员会型、和谐型、分裂型、民意型及独行侠型董事会

表格摘录林锦杏. 私立大专院校董事会之研究［D］. 台北：台湾师范大学教育研究所硕士论文，1994：15-23.

大学治理的类型还可以从办学主体、管理职能、参与权力多元性、权力掌握主体、大学与政府的关系进行分类。

1. 根据办学主体不同，大学治理可分为两种类型

（1）私立大学的治理模式。私立大学是指主要由民间资本所维持经营的大学，其主要经费来源于学费、社会捐款、募款等非政府资金，以维持其独立非营利组织的特性。随着政府管理体制的改革，私立大学也开始接受政府的资助，如美国康奈尔大学有四座学院完全依靠联邦政府的资助，哈佛大学也接受政府的各种资助。私立大学的董事会，一般根据出资的多少组成董事会，也有个别大学的董事会由家族成员组成。

（2）公立大学治理模式。公立大学是指以国家政府或地方政府资助创立和维持的大学，以区别民间资本为主的私立大学。公立大学与私立大学并不是区分大学声誉的标准。在不同政治体制和管理模式下，公立大学的地位和作用是不一样的。在集权式管理的国家，如德国、法国、中国的公立大学具有比较高的知名度。在一些分权式管理的国家，如英国、美国的公立大学则不如许多私立大学具有较高的知名度和竞争力。

2. 根据管理职能不同，大学治理可分为三种类型

（1）决策性的大学董事会治理模式。董事会具有学校所有事务的决策权，包括人事权、财务权和学术权，也是学校的正式组织，其权力由大学章程进行明确规定。

（2）半决策型的大学董事会治理模式。董事会对学校的重大事务有一定的决策权，其人事权、财务权受到一定的限制。董事会审议和批准大学的办学方向、发展计划、基本建设投资、专业设置、财政预算等重大事项，大学校长的提名权等职权较前一类高校的董事会要少。这类公立学校的一部分创办经费或办学经费由董事会提供。

（3）咨询型的大学董事会治理模式。本身不具有法人地位，也不是一级行政管理机构，是由普通高等学校和其他企事业单位发起组建的松散的协作组织，对高等学校的办学起咨询、指导、支持作用。

3. 根据大学治理制度参与权力的程度，可分为四种类型

（1）单一权力主导的大学治理制度。在大学不同发展阶段或大学不同治理模式中，支配大学的行政权力、市场权力和学术权力，分别起着主导作用。

（2）二元权力主导的大学治理制度。大学的权力来源包含行政权力和学术权力，董事会制度运行中，出现行政权力与学术权力并存的情况，学术权力和行政权力分别主导不同的领域。

（3）三元权力主导的大学治理制度。即由学术权力、行政权力、董事会权力共同作用的董事会。例如，美国大学教授协会在 1966 年的《大学治理声明》中就提及了应该由董事会、行政管理人员和教授之间通力协作参与治理。

（4）多元参与共治的大学治理制度。其指的是在学术权力、行政权力的基础上加上学生权力、政府权力、政党权力、市场权力等。

4. 根据大学治理制度的权力掌握的主体不同，可分为三种类型

（1）行政权力主导型的大学治理制度。大学是政府的组成部分，行政在大学中占据中心位置，董事会的权力主要表现为行政权力。一般情况下，大学作为一个组织是本身的行政力量在起作用，但还有一些国家将大学视为政府机构的组成部分，或出现大学行政化现象。

（2）学术权力主导型的大学治理制度。董事会主要由学术权力主导，大学权力的配置理念建立在对真理的追求基础之上。判断大学董事会是否以学术权力为主导，可以看学术群体的地位和学术水平的高低。从哲学上说，学术主导是和学术民主联系在一起的（Dewey，1996）。典型的有剑桥治理模式，剑桥大学的章程规定，学校的治理机构是 Regent House，包括大学教师 3000 余人。可以说，任何一种治理模式都要依靠学术治理，但是这种治理模式的缺点在于专业人员缺少管理财务的必要素质。

（3）市场权力主导型的大学治理制度。高等教育进入大众化时期，市场的影响力越来越大。大学管理也才放弃了企业化的运作模式，建立起绩效的评价模式。从大学的利益相关者来看，治理主体必须对师生、校友和

其他相关者负责。不管这个大学愿不愿意接受市场化的观点，实际上，大学运营都是与利益息息相关的。大学为社会提供教育服务，其内部也存在市场竞争。

5. 根据大学与政府的关系，大学治理可分为两种类型

(1) 德法模式的集权式治理。在德国和法国，大学作为政府机构的一部分，采取集权化的管理模式。大学教师是政府公务人员，管理方式采取准政府机关的管理模式。

(2) 英美模式的分权式治理。在英国和美国，大学是独立的法人，国家管理的模式是分权模式。

2.1.3 大学治理制度的特征

大学治理制度是一种权力关系，包含外部治理体系和内部治理体系，政府、市场和学术等权力关系。克拉克认为，高等教育系统有三种权力：国家权力、市场权力和学术权力，学术权力既要与组织外部发生联系，又要在组织内部产生作用。

大学治理制度是一种治理模式。这种治理模式以法人制度为基础，以决策为核心，以规则为依据。大学治理制度强调的是作为一个法人，能不受政府、教会或其他机构的控制或干预，独立决定大学的发展目标并付诸实施。

大学治理制度是一种利益协调机制。大学治理制度是以实现参与各方的综合利益最大化为目的的利益协调机制。董事会的参与主体不限于学术群体，也不限于捐款人，还包括学生、校友、政府和其他公众。现代大学治理需要具有回应性和开放性，其机制能实现多种主体利益参与与协调。

2.2 大学治理的权力运行机制

大学治理制度中存在行政权力、市场权力和学术权力三种权力，这三种权力是如何运行的，又是如何介入大学治理的呢？我们接下来分析这三大权力的运行机制。

权力的含义多种多样，一般认为，权力是一种控制力量，如韦伯所说的将意志强加他人的可能性、霍布斯的取得利益的手段、福柯的话语的力量等，都体现了对某人、某物、某些资源等的控制能力。有学者认为，社会团体中存在五种权力，它们是强制权、奖励权、合法权、个人影响权和专长权。❶ 在多种权力分类之中，我们更赞成福柯的知识权力论。福柯运用了他的批判方法，探究了权力与真理的关系。他别出心裁地写道："真理并非在权力之外，真理并不是自由精神的产品，也不是人们解放自己的权利。真理是按各种强制形式生产出来的。真理促成权力规则效应。"❷ 福柯把控制生产和分配的各种形式规则、程序、例外、"强制形式"都视为"真理制度"。德里达在权力话语论的基础上，提出了正义是在结构中达成的。如果权力对这样的社会需要不做出回应，那么暴力就会产生了。"在一定的社会背景下，如果呼声一直得不到满足的话，解构就会从中发现它的力量和动力。最终，正义的可能性就会超越原来的规定性。"❸ 大学治理中的各种权力关系实际上在各种话语在治理中表现出来，也存在作用与回应的效应。大学的权力对象既有大学外部的权力，如政府、市场和社会，也指向大学内部的权力。大学的外部权力与内部权力是密切关联的，在某种程度上说，外部权力对内部权力起着引导、控制的作用。但内部权力并不是无所作为，通过内部权力结构调整、优化分配可以反过来推动外部权力格局的变化，从而促进现代高等教育制度在我国的形成和发展。❹ 可以以图 2-1 来表述上述过程。

---

❶ 罗伯特·伯恩鲍姆．大学运行模式：大学组织与领导的控制系统［M］．别敦荣，主译．青岛：中国海洋大学出版社，2003：14.

❷ Foucault M. Power/knowledge：Selected Interviews and Other Writings 1972 - 1977［M］. New York：Pantheon Books，1980.

❸ J. Derrida. Force of law：The "Mystical Foundation of Authority"［M］//Cornell，Rosenfeld，Carlson，eds，Deconstruction and the Possibility of Justice. New York：Routlege，1992.

❹ 郑文．英国大学权力协调与制衡［M］．北京：北京大学出版社，2011：203.

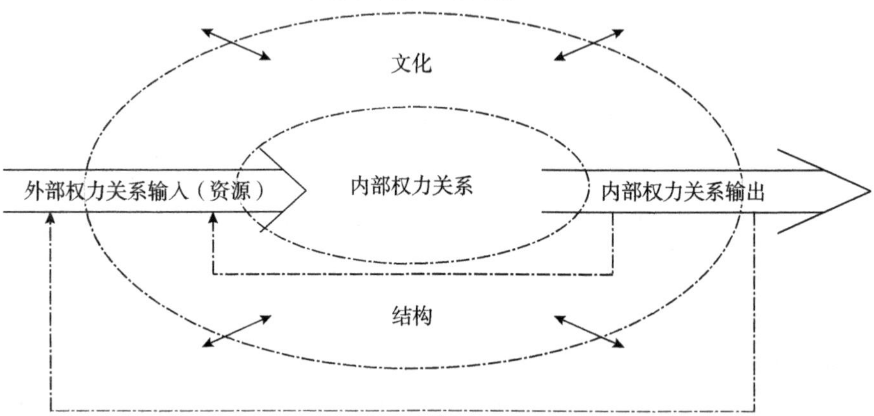

图 2-1 大学治理权力运行机制

注：圆形虚线表示系统边界，直行虚线表示反馈回路

大学治理针对的是大学内部权力的配置情况。大学治理包括内部治理和外部治理两个方面。外部治理研究的影响因素是法律、政府和市场，内部治理的主要影响因素是学术权力、行政权力、董事会、筹资结构与大学文化。除了正式制度安排外，文化理念在大学治理中也占有至关重要的地位。[1] 伯恩鲍姆（Robert Birnbaum，2004）认为，大学治理就是为了平衡好专业权力和管理权力的关系。[2] 这两种类型的权力在不同的历史阶段和不同的治理模式下，有时表现为学术权力管理学术事务，管理权力管理行政事务的权力平衡，有时也表现为学术权力在管理学术事务的同时也参与行政事务的管理。赵成、陈通认为，现代大学的目标是知识创造、知识传承与服务社会，但这个目标不是自动实现的，而是需要与之相匹配的大学治理结构，以给出各利益相关者的关系框架，约束其行为，使之与大学目标相互融合。卡普兰认为，在大学治理过程中，要通过董事会成员群体之间正式与非正式的相互联系，考察各参与者的权力分配和利益分配。[3] 随着参与主体的多元化和利益群体的分化，大学治理的模式也趋向于民主参与型的治理模式。

---

[1] 赵成，陈通. 现代大学治理结构解析［J］. 天津大学学报：社会科学版，2005（6）：470-474.

[2] Robert Birnbaum. The End of Shared Governance：Looking Ahead or Looking Back Matter［J］. New Direction For Higher Education，Fall，2004（127）：12-43.

[3] Gabriel E. Kaplan. Does Governance Matter［EB/OL］.［2003-07］. www. cudenver. edu.

实际上，大学治理与社会结构密切相关。在社会转型过程中，国家、经济和社会三个领域不断地分化，三大领域的权力相互影响。大学也处于这些权力关系之中，大学治理的目标、资源来源、行为方式、运转逻辑以及相互关系都要受到这些权力关系的影响。这些权力关系可以被划分为内部治理体系和外部治理体系。外部治理体系主要包括政府、市场、社会这些资源所形成的权力关系；内部治理体系主要是由党组织、教师、大学行政机关和学生等主体所形成的政治权力、学术权力、行政权力、民主参与权力❶。如果政治、经济和社会领域都拥有较高的自治性，那么三者之间就不会出现哈贝马斯所说的相互殖民化关系。❷ 政治权力、经济权力和社会权力这三种权力在不同社会的作用和地位是不同的。政治权力和经济权力会对社会权力产生影响，但是社会领域一般不会夺取政治权力或经济权力。

这三大权力形态在大学的治理中会通过不同的机制发挥作用。林德布洛姆（Lindblom）认为，构成复杂政治经济管理制度的最基本要素是交换、权威和说服。交换是无处不在的，大家彼此交换好处以融洽共处，同时交换也是市场机制赖以建立的基本关系。权威关系是在正式的组织中表明其成员身份特征的基本关系。因此，权威是支撑官僚科层体制的柱石。说服在所有管理制度内都是一个中心和基本的要素，借助理念、意识形态和宣传方式，说服成了对大众实行控制的一个主要方法；通过商业广告的形式，它成了公司企业对消费者进行控制的一个主要手段。

经济学家海博纳（Heilbroner）认为，纵观历史，人们采取了多种方法来利用和配置稀缺资源，从而生产和分配产品和服务。他把这些方法概括为三类：传统、命令和市场。命令方法是指把某个核心人物或机构的意愿强加给其他人或机构，以决定资源如何配置和利用；市场方法是通过那些拥有产品或服务的人与那些想获得产品或服务的人之间的谈判过程确定的价格、工资和利率进行交换的方式来配置资源，并且所有的资源都追求最佳回报，它是一种相对近代的现象。

---

❶ 秦惠民．我国大学内部治理中的权力制衡与协调——对我国大学权力现象的解析［J］．新华文摘，2009（23）：134-136.

❷ 康晓光．权力的转移［M］．杭州：浙江人民出版社，1999：58.

波兰尼在《大转型》一书中指出，在传统社会中，人类的经济原则上是浸没在其社会关系之中的。直到西欧封建主义终结之时，所有组织的原则要么是互惠（Reciprocity）（即礼尚往来、纳贡朝献），要么是再分配（Redistribution）（依靠中央集权的体制，主要针对官员、军人和有闲阶级等社会中的非生产者），要么是家计（House Holding）（为满足自己或家庭之需而生产的自给自足的封建经济），或者三者之间的某种组合。这些组织结构的模式包括对称（Symmetry）、集中（Centricity）和自给自足（Autarchy）。在这个框架中，正式的与非正式的规则、神秘与世俗的规则相互协作，共同引导个体遵从一般的行为准则，从而保障了资源和财富的占有、生产和分配秩序。此外，林德布洛姆（Lindblom）也指出，传统更像是一个包罗万象的概念，它指示着无针对性的各种方法，包括权力、命令、规范，但是更多的是自发地靠家庭、亲戚、地位之类加以控制的。可见，所谓传统方法，抛除法规和再分配中的权力和命令成分，核心要素包括社会情感、风俗习惯和宗教等心理和精神因素。

强化组织成员凝聚力的因素都有哪些？西蒙认为，其包括权威、报偿、忠诚。为了形成组织运行所必要的这种权威，组织成员必须理解组织目标及其方向，而且组织要营造赞成这种组织目标的氛围。必须给组织成员赋予动机诱因，从而使组织成员创造性地运用自己所拥有的知识实现组织目标。报偿（rewards）指的是组织必须为组织成员提供动机诱因，包括经济上的奖赏、晋升、对组织成员工作成绩的肯定等。一般来说，忠诚就是组织成员会因自己所做的工作和自己所属组织而感到自豪。[1]

林德布洛姆、海博纳、波兰尼和西蒙等学者都分析了组织运行的三大机制：行政机制、市场机制和价值机制，这些机制反映了组织的构成要素的工作原理和运行变化的规律以及各构成要素之间的相互作用关系。

根据他们所分析的组织中的权力关系和运行机制，我们可以看到不同机制在大学治理中的作用，其中价值就表现在学术权力上。

---

[1] Herbert A. Simon. Organizations and Markets [J]. Journal of Economic Perspectives, 1990 (20).

2.2.1　大学治理的行政权力机制

政治权力是与利益结合在一起的，现代政治学突破了传统政治学局限于国家、阶级、政党、政治制度的研究范围，而把利益问题作为政治学的中心范畴来构建体系。因此，现代政治学家认为，政治系统就是对利益进行权威性分配的一系列相互作用的体系。大学治理的行政权力机制包括大学的内部行政权力与外部的权力机制。从外部权力机制看，这是一个外部的利益关系如何转化为大学治理目标的过程。鲍德里奇构建了一个大学的政治模式（见图 2-2）。

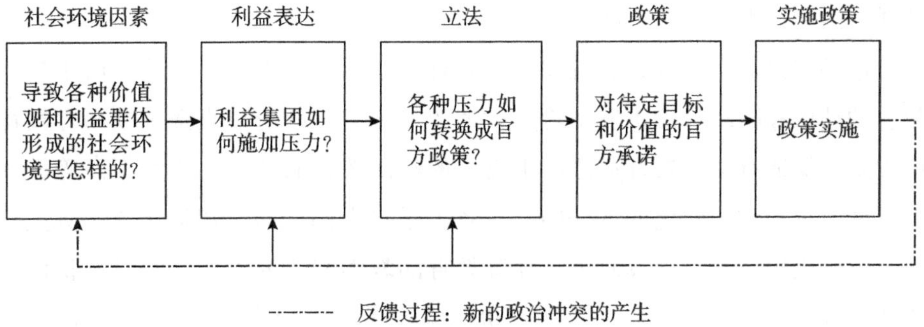

图 2-2　简单的政治模式

从图 2-2 中我们看到，复杂的“社会结构”的各种权力关系对决策者产生了不同的影响，决策者这些利益关系转化为政策，政策实施后又产生了新的利益冲突。因此，一切冲突和压力的根源在于复杂的“社会结构”，这个结构也是政治活动的“启动机制”。鲍德里奇把“社会结构”定义成各种利益在不同社会群体中的配置。他认为，大学也是这样的社会结构，且表现了各种利益在不同群体中的配置，这些群体之间常常会产生各种冲突，具体表现在学科之间、教师之间、学生之间以及行政人员和教师之间的冲突。在大学“社会结构”中，存在三层结构关系：一是正式的官僚机构造成的各种冲突；二是大学内多重的价值之间的冲突；三是大学内部结构和外部环境之间的冲突。鲍德里奇提出的“社会结构”比较全面地概括了大学利益冲突的社会基础，他运用各种类型的冲突来证明他提出的政治模式。[1] 从内部权力机制看，大学内的行政机构是如何建立的？大学内的行政组织如何运作？大学内部权力机制的产生与运作的理论依据和法律依据是什么？大学内的行政组织与国家的行政机构运作方式有何异同点？大学校长和院系领导是如何遴选的？大学与学生之间是一种什么样的法律关系？

2.2.2 大学治理的市场权力机制

在当代社会，市场的力量越来越大。林德布洛姆认为，学术系统内存在消费者市场、劳动力市场和院校市场。大学声誉的好坏影响到学生消费者的选择，因此，大学提高了竞争意识。

市场权力的影响首先表现在政府管理大学的方式发生了变化。由于高等教育的结构和财政基础正发生着巨大的改变，各国政府以直接干预高等教育的方式来保证有限的教育资源产生更大的经济效益而各国在逐渐把高等教育的发展、革新和多样化的责任转移到各大学身上的同时，却仍保留了对关键政策的制定权，例如预算政策。高等教育的教学和研究性质以及具有积极作用的外部影响，使得政府通过预算机制来产生一定程度的影响和控制。Perkins（1987）说，市场竞争是良好的管理办法，它能形成健康的经济条件和更好的教育机遇。这样，政府、企业和社会组织就可以运用经济杠杆来干预大学的决策。现在，美国、英国、日本等国家，都经常使用这种手段来影响大学决策。即便在集权国家体制下的法国、德国的科学研究和教学的发展，在实践中也取决于是否为中央政府预算中的重点项目。只有当资金来自多个方面，且院校能作为独立自治团体来处置自己的经济收入时，院校在分配资金方面的独立性才比较大。

受到市场竞争的影响，大学治理结构产生了变化，大学管理趋向专业化。从大学治理结构看，市场的影响越来越大。彭江（2004）认为，过去的大学治理冲突在于行政权力和学术权力，其他权力关系受到压制，而现在，市场力量分化出来成为独立影响的力量，这股势力影响着高等教育各

[1] 郭卉. 权利诉求与大学治理：中国大学教师利益表达的制度运作［M］. 青岛：中国海洋大学出版社，2009：28.

个层级。Birnbaum（1991）切中要害地说：不管是公立学校还是私立学校，管理的原则都是谁有钱谁做主。公立的高等教育在内部也产生了私有的发展。[1] Levy（1986）指出，欧洲的公立大学已经开始接收私人资金以增加资源，来补偿缺少的政府经费以及提供让人具有精力的竞争。应对挑战，大学通过不断扩大自主权，提高决策能力；通过强化管理责任制，提高管理效率。

高等教育的普及化与商业化，也提高了大学品牌的竞争力。无论是市场主体中的民间评估组织、基金会、工商企业等，还是政府、国际组织等，都建立了不同的评价模式，这一方面保证了教育质量，另一方面提高了大学的竞争意识。一些重要的国际性组织（如 OECD、UNESCO 与 WTO）正致力于保证高等教育的品质，多数国家的政府在分配教育经费时，将大学的研究绩效与学术声望（例如大学排名）视为重要的参考依据。大学内部、外部机构通过各种形式制定大学评价规范来影响大学的决策。谷贤林指出，通过评价，这些组织让不同类型的高等学校在消费者市场、劳动力市场和院校市场进行竞争。民间评估组织和基金会通过确立评价指标、发表调查报告为研究型大学发展提供了参照标准和政策依据。[2] 在这波大学市场化的浪潮中，学校约束了对经费的使用，对在学校任职的教授专业要求也提高了许多。

2.2.3 大学治理的学术权力机制

学术权力是高等教育研究中的一个重要概念。伯顿·R.克拉克在《高等教育系统：学术组织的跨国研究》一书中最早提出学术权力这一概念，他把学术权力划分为扎根于学科的权力、学院权力和系统权力。简而言之，学术权力就是指管理学术事务的权力。学术权力由谁来管理，学术事务以什么方式来管理，这在理论和实践中都存在很多争论。克拉克从比较教育的角度建构了国家权力、学术寡头、市场三角关系的模式，突破了国家控制—国家监

---

[1] 彭江. 论分散化的大学公共治理［J］. 复旦教育论坛，2004（6）：47-51.

[2] 谷贤林. 美国研究型大学管理——国家、市场和学术权力的平衡与制约［M］. 北京：教育科学出版社，2008：191-193.

督与国家—市场的一维分析架构。经由不同研究者的使用与修正，三角模式中的学术寡头、市场因素和国家权力都被赋予了不同的内涵。高等教育中的三者关系的调整与改变牵涉了大学的组织再造与功能调整。克拉克认为，国家权力、学术寡头、市场是高等教育治理中三个关键因素，并以这三个因素的互动关系，为各国的高等教育发展的特质定位：美国以市场因素为主导，意大利是学术寡头的代表，苏联是国家权力至上的典型代表。

在大学治理制度中，学术权力与行政权力有时是此消彼长的关系，有时也是相互包含的关系。这就能解释大学内部存有教授兼任行政职务的问题，而且教授拥有学术权力不一定拥有学术研究的领导权。例如，意大利高等教育系统中讲座教授就是关键的结构要素（Vught，1994）。但是，完全控制高等教育的所有层次的这种治理模式并没有提高意大利大学的学术水平（Graaff，1978/1989）。在现代社会，专业人员的治理同样具有危险性，他们也会把专长用作谋求特权，而不像声称的那样以专长促进公共利益（Wrong，1994）。

从学术权力的来源看，学术人员的专业性决定了他们具有自决的能力。学术人员作为专业人员，在大学治理中占有一定的地位。Dearlove（1997，2002）认为，作为知识创造者的学术人员，需要自决的权力。从传统大学的精英治理到现代大学的多元利益群体参与的治理，一直延续着学术自治的传统。经济权力代表的是股东的利益，政治权力代表的是多数人的利益，而学术权力代表的是掌握真理的少数人的利益。大学的学术自由与学术独立的理论依据是探索真理。[1]

1979 年，撒切尔夫人执政，英国采用新公共管理方法管理高校，政府随之大幅削减高等教育经费，这有损于学术自治。1985 年，Jarratt 报告书建议大学应有更明确的管理架构与形态。Bargh（1997）赞同 Jarratt（1985）报告中关于促进和协调大学进行管理改变观点，但是 Bargh（2000）认为，权力转移不是转移到外行控制的董事会，而是将权力转移到由副校长领导的学术人

[1] 杨东平．大学精神［M］．沈阳：辽海出版社，2000；奥尔特加·加塞特．大学的使命［M］．徐小洲，陈军，译．杭州：浙江教育出版社，2001：79；约翰·亨利·纽曼．大学的理想［M］．徐辉，顾建新，何曙荣，译．杭州：浙江教育出版社，2001：10.

员团体。尽管学者 Dearlove 认为大学治理变革是一种趋势，但是他们认为大学与其他的法人组织有所不同，管理人员与教学和科研脱节，会减弱其在大学治理中的影响力。Bragh（2000）提出了一个折中的观点，认为副校长可以在政治权力、学术权力之间作出妥协。副校长既是学术领导人又是学术领军人，可以通过工作关系、游说和劝说来发挥他的作用。

大学的学术人员在大学决策中的作用不容忽视，因为学术人员也可以运用市场手段来控制组织（Shattock，2002）。现代社会要求改变大学治理模式，但是这种模式的改变绝非要废除学术人员的权力，其也无法做到这一点，真正成功的大学是将学术人员与非学术人员有机地结合在一起。撇开英国传统大学或 1992 年后的大学治理模式不论，现在的英国大学都实行两院制，包括负责学术事务的评议会和负责非学术事务的外行董事会。评议会应该具有最高的法律权力，而董事会或者其他治理机关只有一般的行政权和财务权（Shattock，2006）。

对这三种理论，北京大学闫凤桥教授的评价是，我国大学行政权力机制很难发挥应有的作用，学术权力机制也因为大学内部的等级关系影响相互合作。他没有对市场机制做出相应的评价。[1] 不管怎么样，在他看来，源于西方大学治理的理论模型难以解释中国大学的现象和治理模式。只有结合中国大学的实际情况，才能构建起解释中国大学治理模式的模型。

2.3　大学治理的相关理论

大学治理制度的权力关系是建立在不同理论基础之上的。我们根据委托代理、利益相关者、社会参与和资源依赖这四大最主要的理论，来分析大学治理制度的基本结构和制度演变。

2.3.1　委托代理理论

20 世纪以来，以信息技术为基础的新经济学改变了古典经济学的信息完全和全能理性假设，提出了信息的不完全性和理性的有限性，进而形成了委

[1] 阎凤桥. 大学治理的文化意涵 [J]. 清华大学教育研究，2020，41 (1)：8-11.

托代理理论的分析框架。代理理论最早是由 Jensen 以及 Meckling（1976）两位学者提出的，其主要探讨人与人之间以及人与组织之间的风险负担问题。Eisenhardt（1989）认为，代理人拥有的信息比委托人多，因而会产生代理人与委托人之间的利益冲突。代理人通常可能以保证自身利益为前提，采取某些有利于自己的行动，但是此种行为却有损组织或委托人（Kotowitz，1998）。委托代理理论认为，大学治理的关键是建立权力制衡机制，以激励代理人实现委托人的目标。因此，大学应建立法人治理机制，从激励的角度给予大学校长等代理人更多的控制权。在约束机制上，要完善监督权，包括内部监督和外部监督等。Lambert（2003）提出了大学的管理者应该建立一种应对外部条件变化的监控机制，要求管理者制定长远的发展计划应对外部条件的变化，如果大学一味满足商业的要求，关注大学的短期利益，将会对大学治理产生不良影响。

2.3.2 利益相关者理论

1963 年，斯坦福大学一个研究小组（SRI）的内部文稿中首先提出“利益相关者”一词，具体指的是组织赖以生存的群体。在此基础上，美国学者唐纳森、托马斯和普利斯顿对利益相关者赋予了合法性的定义，他们认为利益相关者是“在公司的程序性活动或实体性活动中享有合法性利益的自然人或者社会团体”。[1] 利益相关者理论扩大了治理主体的范围，打破了委托—代理理论的分析框架，推动了公司治理理念和治理结构的新变化。公司治理不再局限于股东，还包括各个利益相关者。[2] 根据利益相关者理论，大学也是一种典型的利益相关者组织。根据利益相关者与大学的密切程度，Boatright 提出大学的利益相关者可以分为核心利益相关者、重要利益相关者、间接利益相关者、边缘利益相关者四个层次（见图 2-3）。[3] 李福华运用利益相关者理论探讨了大学管理体制创新，如大学利益相关者参与进行共同治理，加强大学

---

[1] 毛刚．我国非营利组织内部治理机制研究［D］．成都：西南交通大学，2005：59.

[2] 毛刚．我国非营利组织内部治理机制研究［D］．成都：西南交通大学，2005：59.

[3] John R. Boatright. Contractors as Stakeholders：Reconciling Stakeholder Theory with the Exus of Contracts Film［J］. Journal of Banking and Finance，2002，26（9）：1837-1852.

外部利益相关者对大学的监督，强化大学内部利益相关者的权力制衡等。❶ 胡仁东则运用利益相关理论分析了现代大学内部治理结构，即高等学校内部各个不同利益群体间、高校和社会之间的影响力配置，以及它们之间的相互作用。❷

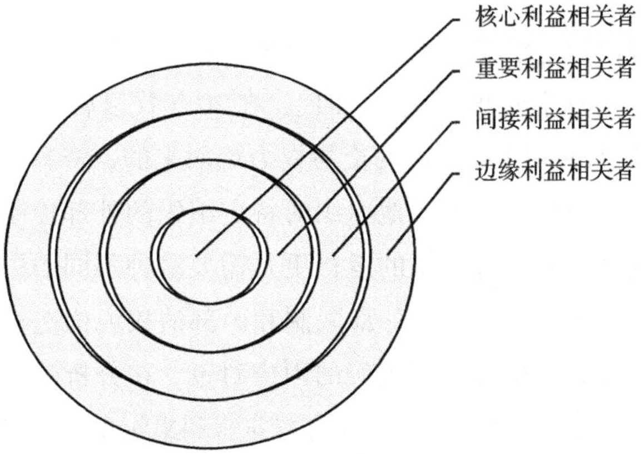

图 2-3　Boatright 利益相关理论中涉及的利益相关者

2.3.3　社会参与理论

与委托代理理论相对的是社会参与理论。社会参与理论是指针对社会事务的治理，从以政府或市场为中心的单一参与模式，转向以政府、市场、社会、公民等多个群体或组织为中心的多元参与模式。委托代理理论假设人性是自私的，是不可信任的，激励机制是外在动机。而社会参与理论假设人具有合作精神、利他精神，是可以信任的。在这种情况下，不需要代理理论中的制衡机制。社会参与理论认为，由于大学治理参与者都是为了实现组织目标，因而能发挥管理者和师生的最大潜能。从组织激励理论看，马斯洛的需求层次说、Alderfer 的成长需要和 Mclelland 的成就需要都能解释参与管理的内在动机。社会参与理论也符合协商民主的要求。虽然多数同意的主张不一定是正确的，但是如果参与决策者每一个人都有平等论述的机会，而且是在公

---

❶ 李福华. 利益相关者理论与大学管理体制创新 [J]. 教育研究，2007 (7)：36-39.

❷ 胡仁东. 现代大学内部治理结构探析——基于影响力的视角 [J]. 现代大学教育，2005 (2)：59-63.

开论辩、充分沟通、信息充分的理想协商情况下进行，最后由于不能达到全体共识，只好采取多数通过作为决策的依据，这样的多数不但不适合称为多数暴力，而且如果这样的决定会是错误的，这最多只能证明人类的极限。❶

2.3.4 资源依赖理论

资源依赖理论乃是组织理论的一项重要流派，也是考察组织变迁活动的一个研究观点，其萌芽于20世纪40年代，在70年代以后被广泛应用到组织。其理论基础是从Richard Emerson的交易权力论而来的。资源依赖理论的基本看法是组织间的资源依赖产生其他组织对特定组织的外部控制，从而影响组织内部的权力安排，而维持组织的运行更是需要多种不同的资源，这些不同资源不可能都由组织独自提供；外部限制和内部的权力构造构成了组织行为的条件，并且出现为了摆脱外部依赖的因应对策。在分析政府与非营利组织之间的关系时，Judith R. Saidel认为政府与非营利组织虽各有其资源，但两者之间并不尽然是监督者与被监督者的关系，而是彼此相互依赖❷。就非营利组织来说，其资源有服务传送、信息与专业技术、政治上的支持或正当性等；至于政府所具有的资源则包括财政资金提供、信息、政治上的支持或正当性，以及核准组织设立或活动的权限。而非营利组织与政府两者资源相依的程度，则取决于资源本身的重要性、资源方案的可替代性，以及资源拥有者的决定等要素。

2.4 大学治理体系与治理能力现代化

大学治理体系和治理能力的现代化是国家治理体系的一个分支，是国家教育的设计能力和执行能力的具体体现，是大学对各种权力资源的合理运用从而达到最佳效能的结果，即合理处理与行政权、学术权与社会权之间的关系，实现资源最优配置。

---

❶ Eamonn Callan. Creating Citizens: Political Education and Liberal Democracy [M]. Oxford: Clarendon Press, 1997: 43.

❷ Saidel J. R. Resource Interdependence: The Relationship between State Agencies and Nonprofit Organizations [J]. Public Administration Review, 1991: 543-553.

大学治理体系和治理能力是治理结构与治理功能的不同表述，两者相辅相成，互为一体。治理体系是大学治理的组织结构关系，而大学治理能力是治理主体所具备的能力或水平。大学治理体系与治理能力的现代化根本目的是推进“高等教育现代化”。

“现代化”是相对于“传统”而言的，只有治理体系和治理能力不断变革，才能克服高等教育现代化发展过程中的各种挑战和困难。

2.4.1　大学治理体系现代化

大学治理体系现代化解决的是外部治理制度与内部治理制度的问题，目的是建立权责明确的大学外部治理体系，建立民主参与的内部治理体系和用人机制，建立科学的决策机制、高效的执行机制、完善的监督机制。规范权责边界，加强程序规则建设，畅通信息公开渠道，建立健全督导机制，能够提升大学治理能力和水平。这些内外部治理制度体系包括了组织体系、制度体系、运行体系、评价体系。[1]

1. 大学治理的组织体系

大学组织体系主要涉及大学组织机构的设置问题，包括组织的决策机构、执行机构以及监督机构等内容。按马克斯·韦伯的看法，科层制是理想型的组织方式，人型化、经营化和专门化的行政科层体制与学术体制是紧密相连的。如今，大学组织过分行政化也影响大学的治理效率。权变理论认为，大学组织是一个开放的系统，其有效性取决于与情景的适合程度。在全球化、信息化的背景下，大学采取了精简分权的措施，充分利用网络信息技术，再造组织流程，提高组织的灵活性和适应性，走上了组织体系的扁平化的道路。

2. 大学治理的制度体系

确立“制度先行”的发展理念，实现创新制度、优化大学治理制度的外部环境，可以有效建立完善的校内制度体系。大学的治理制度：其一为根本性的

[1] 李立国. 大学治理的基本框架分析——兼论大学制度和大学治理的关系 [J]. 大学教育科学, 2018, 3 (3): 64-70.

制度，反映大学治理特性的最基础的制度设计，如大学地位的法律、大学章程等。其二为基本制度，是大学治理的规则与程序的制度安排，包括大学的决策制度设计、行政执行制度与学术管理制度等方面。其三为具体制度，包括学生管理制度、经费管理制度、社团管理制度、安全管理制度等具体制度安排。

3. 大学治理的运行体系

建立起大学与产业、政府、公民的协商合作运行体系，建立大学法治治理体系，建立监督和问责体系以及参与治理的主体权益保障体系。注重大学治理的全新价值取向，构建价值牵引机制，既注重构建大学治理的基本价值，又要发展大学治理的特色价值。注重发展趋向，激发内部的活力，把握外部发展的机遇，建立动力激发机制。注重不同利益主体的正当权益的稳定取向，构建学术权力、行政权力、民主监督权力等权益平衡机制。注重学校人才培养、科学研究、社会服务、文化传承创新、国际交流合作等体制的改革取向，构建与时俱进的关系调整机制。

4. 大学治理的评价体系

大学要建立一种新的评价体系，以评价这种新的治理模式是否更能体现社会发展的需要，更能提升大学治理的效率，从而对满足社会需求的情况进行评价，形成规范化、体制化的问责机制。具体包括对法人治理的过程和结果进行评估的相关主体，规范化的评估途径和方式，以及一整套评估制度。评价体系对于大学治理和发展具有检验、评价、引导、规范、监督与推动功能，对于大学治理的运行具有追踪和矫正的作用。治理评价体系的生命力在于对评价结果的运用，也就是评价的绩效。定期开展大学治理有效性评估，聘请校外专家或专业咨询公司对大学治理的战略规划达成程度、财政运行状况、教学科研与社会服务水平、学校整体声誉和问责体系等来进行有效性评估。

2.4.2 大学治理能力现代化

世界各国的大学治理能力的现代化都表现为大学应对形势变化的能力。治理体系是发挥治理能力的制度基础。大学治理能力主要表现为大学运营的效能、服务社会的能力、大学自主创新能力和风险处置能力。

1. 改善大学运营的效能

大学治理能力现代化首先表现为大学治理的效能。大学治理的效能可以从两个维度来看，一个是运营的结果，另一个是运营的过程。从结果看，主要表现为组织绩效；从过程看，主要表现为能力、责任。具体表现为大学治理的法治化水平、大学治理的协调能力以及大学治理的民主参与程度和参与主体的权利保障水平。大学治理的效能分别可以从主体维度、规则维度、机制维度、价值维度等指标来揭示大学治理体系和治理能力现代化效能的提升路径。主体维度解决“谁来治理”的问题，规则维度解决“根据什么来治理”的问题，机制维度主要解决“如何治理”的问题，价值维度解决“为谁治理”的问题。

2. 增进大学服务社会的能力

大学的社会服务不仅包括社区、城市和国家，也包括全球事务。不只体现在科学技术成果的转化方面，也同样体现在人文社会学科的社会贡献上。大学治理要解决教育公平问题，让大学的治理成果为全社会共享，为社会提供物质财富、精神财富、发展机会等教育成果，为社会提供更加精准化、精细化的服务。

3. 促进大学的自主创新能力

大学治理能力的现代化表现为大学创新能力的提升，创新人才的培养和创新成果的影响力等方面。创新是民族进步的发展动力，科研人员要聚焦前沿科学，由经验型向知识型转变。

4. 大学的风险处置能力

在国际的大学事务中，要通过参与制定国际大学治理规则、大学评价等方式，提升中国大学治理的国际话语权，同时创建良好外部发展环境。

2.5　治理理论与治理现代化比较分析

治理理论是 20 世纪 90 年代在西方国家兴起的。我们通过对大学治理理论与治理现代化的比较分析，建构起中国大学治理的分析框架。

2.5.1 逻辑假设

在经济、社会、政治三个维度面临严峻挑战时，治理主体构成了大学治理的逻辑起点。

委托代理的治理观认为，高等教育作为一种公益性事业，代表着社会公众在教育领域的利益诉求，社会公众把高校的治理权委托给代表公众利益的政府机构，其中社会公众是委托人，政府机构是代理人。中国大学的“双一流”建设，就是我国为了满足经济社会发展的新要求、全球高等教育发展格局的新变化做出的重大战略决策。中国大学现代化的治理目标就是要把人民对优质高等教育的期盼作为奋斗目标，培养高素质创新型人才，促进内涵式发展，提高高等教育质量，回应社会关切、关注民生，服务国家经济社会发展。

利益相关者治理观强调，协作系统中的每个成员都是平等的主体，大学是为所有利益相关者服务的。高等教育属于准公共产品和基础性公共资源，在理论上应采用政府、市场多元主体共同分担的原则。高等教育利益相关者众多，教育部门出台的相关政策往往缺乏公信力，迫切需要多元主体民主治理。

从文化治理角度看，任何治理模式都要根植于本国独特的历史和文化，体现本国的内涵、品位和精神气质。文化治理包含多元利益主体的利益与价值诉求。文化治理强调人不只是利益的主体，还是伦理的主体。强调利益不只是经济利益，而是整体的社会利益。冯沪祥认为，在“为何要管理”（why）的论述上，孔子所表达的是“道德经济合一论”。唯有将事业发展赋予道德的意义与目标，同时将高尚理想融入事业之中，才能使现代的工商业作出贡献，同时避免产生副作用。文化治理不仅仅考虑大学的利益，还考虑到社会与大学之间的社会责任。

2.5.2 治理结构

结构是事物或者系统内部各部分、成分、要素间相互联系的方式。马克思主义认为，结构是根据，功能是表现。没有治理结构的现代化，就没有治理体系的现代化，更不会有治理能力的现代化。构建现代化的治理结构，目的就是使治理社会稳定化、治理功能最优化、治理效益最大化。好的治理结构能够发挥自治、市场、政府的作用，可通过均衡大学治理中的政治权力、行政权力和学术权力，实行多元主体参与的共同治理。

委托代理关系的基本要求是，设计合理的合同来激励经理或员工为股东利益服务，并以法律手段给予股东恰当的权力，赋予董事会监管经理的信托责任。委托代理关系中控制权从产权的角度看掌握在股东手中，从契约角度看是一种决策权，从所有权的角度来看，控制权是委托人选任代理人的权力。❶ 也有学者认为，委托代理的权力就是一种剩余控制权，Grossman 和 Hart 认为，剩余控制权的本质就是产权。❷

利益相关者的组织，每个人既是委托人又是代理人，因此，它要求社会进行共同治理。随着社会形态、社会结构的变迁，大学治理方案也必须重新设计以应对时代变迁的挑战。在诸多利益相关者的治理方案中，促使政府、社会组织、消费者等利益主体参与其中，构建合作共赢的利益相关者治理结构很有必要。利益相关者将公司权力的来源归结为契约关系，与委托代理关系不同的是，这种契约关系是利益相关者之间或公司与利益者相关之间所达成的契约关系。❸

文化治理理论是一种自我管理或君子管理。文化治理模式反对利益至上的价值取向，要求领导者把义放在第一位。文化治理理论克服了委托代理理论和利益相关者的利益论，把大学的权利与伦理义务结合起来。这实际上是把自我和社会有机地结合起来进行分析的见解。有学者从比较的视角分析发现，自我意识并不完全是西方的舶来品，孔子对建构自我意识就有独到的分析。❹ 黎红雷认为，孔子的和谐管理思想就是一个管理者“正己正人”的过程，管理者只有先管好自己才能管好别人。❺ 冯沪祥（2000）认为，孔子的管理本质即为“自我管理”（Self-Management）。❻ 如何保障企业把义放在第

---

❶ Berle A, Means G. The Modern Corporation and Private Property [M]. New York: Macmillan, 1933.

❷ Sanford J. Grossman, Oliver D. Hart. The Costs and Benefits of Ownership: A Theory of Vertical and Lateral Integration [J]. Journal of Politieal Economy, 1986 (94): 691-719.

❸ 曾小龙. 论利益相关者与公司监控权基础 [J]. 教学与研究, 2001 (2): 19-23.

❹ 刘晓东. 论孔子的“自我”意识与“自我”管理 [J]. 湖湘论坛, 1990 (5): 20-23.

❺ 黎红雷. 论管理的和谐 [J]. 广东经济管理学院学报, 2003, 18 (101): 30-37.

❻ 冯沪祥. 中国传统哲学与现代管理 [M]. 济南: 山东大学出版社, 2000.

一位呢？儒家文化管理理论认为，只有通过提升自身的修养，才能把个人的正当性变成企业的正当性。伦理治理可以适用于不同的利益体，委托代理理论也不例外。

2.5.3 治理环境

大学治理环境中，办学规模与空间的扩大、知识生产模式的变迁和大学不断由社会边缘走向社会中心三个方面最为显著。这些因素均影响着我国大学治理体系的构建。[1]

委托代理理论很少考虑外界的环境因素，而只考虑大学内部的经济因素。不管是内部治理还是外部治理，委托代理关系都是股权关系。

利益相关者理论关注外部利益相关者自然环境、社会环境等因素。利益相关者理论认为，要根据各利益相关者之间的利益关系，构建利益相关者共同治理的大学经营环境。大学的利益主体涉及学术权力主体、市场权力主体、行政权力主体等，要和利益主体保持好平衡关系。

文化治理理论认为，要关注人与社会和谐相处，人与自然的和谐共生。文化治理理论维持大学与社会的良好互动关系。伦理治理理论遵循天人合一，道法自然，走全面协调可持续发展道路。特别是中国传统的儒家文化治理理论，以义为导向，重视社会利益，坚持以义为内涵的大学伦理。从儒家文化治理模式来看，政府、大学与社会是相互嵌入的紧密关系。按社会资本理论解释文化伦理治理的社会关系，其通过信任、规范和网络来提高治理的效率。

2.5.4 治理目标

大学治理是现代大学的制度核心，就治理目标而言，其历经了从学术自治到绩效管理的变迁。治理目标指大学治理的价值愿景与追求。大学首先要确立大学治理的价值目标，培养治理共同体的价值意识，从制度和德性两个维度来探寻大学治理的最佳体系。

按委托代理的观点，大学的治理目标是满足出资者的利益。股东是大学的所有者，理所当然地，大学的发展应该追求股东财富最大化。有两则司法

---

[1] 孙丽昕．中国大学治理体系的环境因素分析［J］．教育学术月刊，2019（7）：49-55．

判决经常被引用论证股东利益最大化的法律依据，这两个案例分别是 Dodge v. Ford Motor Company❶、eBay v. Newmark❷ 等。第一个案例是密歇根州最高法院于 1919 年判决的，具体内容是美国福特汽车公司的经营者亨利·福特主张保留公司利润以扩大生产降低汽车成本，这样也可以雇用更多员工并改善他们的生活，但是持股 10% 的大股东道奇兄弟主张公司利润应分配给股东。法院认为，公司的目的是实现股东利益，不应该考量非经济目的而不分配利润。法院判决福特公司分配利润给道奇兄弟及其他股东。eBay v. Newmark 是 2010 年德拉瓦州法院衡平法院判决的，Craigslist 是一家分类广告公司，经常为社区居民免费刊登租屋、求职等广告。eBay 收购了该公司。当 Craigslist 获悉 eBay 的意图后，采取措施反对收购。eBay 诉诸法院主张 Craigslist 的董事等违反忠实义务。衡平法院于判决中指出：当选择了营利性质的公司组织形态，公司董事要遵守忠实义务维护好股东利益❸。

按利益相关者观点看，大学治理的目标是实现利益相关者的利益最大化。其重视了人力资本所有者的利益目标，以财务目标为有效激励，促进大学的长远发展。大学财务运行目标不仅有利于大学利益相关者的利益，也兼顾了大学利益相关者整体和社会整体的利益。

按伦理治理的观点看，为了保证大学治理手段具有伦理性，就必须遵循大学治理的伦理前提，确保大学治理目标的价值合理性。只有确立大学治理的伦理目标，才能指引大学治理走上正确的轨道。

按文化治理的观点看，大学治理的目标要实现的是社会责任、自律责任。大学主动履行法律义务和承担道德责任就能更好地实现自身价值。儒家文化治理虽然没有提炼出代理成本的概念，但是“忠信”的职业伦理和“义利”观，最终能保证代理人实现其价值目标。

2.5.5　参与方式

委托代理理论仅仅股东参与。委托代理理论认为，现代企业权益层由全

---

❶ Dodge v. Ford Motor Co.，170 NW 668（Mich 1919）.

❷ eBay Domestic Holdings，Inc. v. Newmark，16 A. 3d 1（2010）.

❸ Henry Hansmann，Reinier Kraakman. The End of History for Corporate Law［J］. Yale School of Management，2001，89（2）：439-468.

体股东构成，其权益的表现形式是股东大会。监事会行使监督权，董事会行使决策权。这种参与方式，也存在控股股东对中小股东的利益侵占，控股股东或大股东拥有了更多的话语权和选举权。

利益相关者理论是利益相关者共同参与的治理。大学治理中涉及学术成果、环境保护、资源节约、员工权益等问题，其都与不同利益相关者有直接或间接的联系。

而文化治理理论认同的是共同的价值参与。在“何人能管理”（Who）的论点上，文化治理重视传统的“温、良、恭、俭、让”❶ 与《易经》的“元、亨、利、贞”。白大昌（1993）以《论语》为题材研究儒家思想之领导形态，从而归纳出儒家以修养方式为基础，培养出领导者的人格特质及领导形态，进而达到儒家之最终的政治理想。在“何时要管理”（When）的论点上，孔子的精神是“入太庙，每事问”❷。在“从何处管理”（Where）的论点上，有三种特色：（1）人性化管理；（2）理性化管理；（3）社教化管理。人性化管理即所谓的“道之以德，齐之以礼，有耻且格”❸。理性化管理就如孔子在《孝经》中所讲的“君有诤臣，父有诤子，士有诤友”的精神。社教化管理就是孔子强调的“君子之德风，小人之德草，草上之风，必偃”❹。在“如何管理”（How）的论点上，孔子的管理要点主要有：（1）忧患意识；（2）坚思自强；（3）刚柔并济；（4）谦冲为怀；（5）将心比心；（6）为人着想；（7）中庸之道。

本节从治理理论的逻辑假设、治理结构、治理环境、治理目标、治理模式和参与方式分析了各种治理理论的异同。通过比较分析，至少可以得到以下结论。第一，大学治理模式需要建立在本土文化理论框架之上。西方大学治理理论无法解读中国特定文化问题，无法解释中国的大学治理理论所作出的特有的贡献。第二，大学治理模式需要加强理论研究，对大学治理模式的作用机制进行深入的理论分析和理论框架的构建。第三，大学治理模式本土化与国际化的问题。大学治理模式要对中国治理的理论性优势、历史性优势、

---

❶ 《论语·学而》。
❷ 《论语·八佾》。
❸ 《论语·为政》。
❹ 《论语·颜渊》。

文化性优势、社会性优势、优良传统进行系统的整理，为大学治理的世界性普遍性的问题提供解决方案。大学治理模式也要解释未来大学治理的发展问题，对未来的社会伦理价值的变化趋势和发展方向做出预判。大学治理效能是大学治理主体在治理实践中实现的效率、效益等积极效应和有效产能。科学把握中国大学治理优势向治理效能的转化逻辑，才能对大学治理的转化机理及其具体运行模式做出科学的阐释。

不同的文化语境产生不同的治理理论。东西方文化有着不同的演绎逻辑和历史发展规律，大学治理也是在特定的文化语境中做出的决策与行为。西方管理理论诸如委托代理理论、利益相关者理论注重个体发展，重视契约，强调法治，而中国的治理理论崇尚人文精神，重视伦理礼仪制度，两者既有可以融通之处，也存在根本性的差异。人类文明演进是一个资源分配的体系，市场机制解决市场中的资源配置问题，社会机制解决社会中的资源配置问题，政治机制解决公共资源配置问题，文明意识解决全部资源的配置问题。与西方的治理理论相比，中国治理理论的研究范式和方法还需要进一步地探索与总结，以很好地解释不同文化情境的共同治理问题，尤其是在全球治理的框架下，中国的大学治理的价值体系就具有普适性。中国治理理论中重视“人性”“仁爱”的传统即便在当代也具有很强的生命力，从经典文献中挖掘深入了解中国大学治理的内核，研究与现代实践相结合的成功范例，开发出有价值的中国大学治理理论体系。中国大学也要借鉴西方大学运营的成功经验，提高大学治理的效力。

近年来，中国的快速发展引发了世界对中国大学治理模式的关注，因此，中国大学治理的实践案例还需要进一步挖掘。尽管中国大学治理模式也遭到批判和质疑，但是随着中国大学治理成功范例的推广，人们会对大学治理模式重新进行审视。

第3章

大学治理体系与治理能力现代化的价值取向

每个时代都有每个时代的精神，一流的大学拥有一流的价值，传承大学一脉相承的精神追求。西方大学治理的价值是一种制度逻辑，而中国传统的治理是一种德性的管理，更加重视人的价值，这是大学治理的内在之道，是大学治理的内在精神。在现代市场经济的背景下，西方治理模式（科学管理、行为管理、多元管理等）对于中国大学治理要达成的目标有一定的借鉴意义，但是中国传统的治理模式依旧是中国大学发展的内在逻辑。

大学治理体系现代化的要素包括：大学治理理念的现代化、大学治理结构的现代化以及大学治理能力的现代化。在价值理念上，大学治理体系和治理能力现代化体现了“共治、法治、善治”价值理念的制度、机制和体制安排。[1] 党的十八大以后，国家治理体系的现代化和治理能力的提高不仅成为一种国家意志，而且成为各级政府及各类组织管理综合改革的目标。大学治理在充分考虑市场效益、实践可行等因素的同时，也要考虑伦理价值的合理性。大学肩负人才培养和知识创新的崇高使命，既要满足社会发展需求，又要坚守大学组织的自我发展品格，从而构建科学的治理体系以提高治理能力。在治理模式上，大学治理体系和治理能力现代化要做好顶层设计和制度安排。大学治理要系统全面地审视高等教育系统，统筹协调高等教育系统的各种权力关系，对大学特有的动态性、复杂性、多样性进行很好的回应，以实现大学的治理效力。在治理效力上，要将治理权力转化为大学治理效力。处理好行政权力和学术权力的矛盾关系，充分提高人力、物力、财力资源的使用效率，促进大学内涵式发展。

---

[1] 张继延，陆先亮. 大学内部治理体系现代化：理念、路径及内容［J］. 江苏高教，2017（11）：41-43.

在大学寻求治理体系现代化和提高治理能力的过程中，要在以人为本的价值前提下，以效率目标为依据、以整体设计为逻辑、以民主管理为手段、以制度规范为保障建立管理框架，建立理想的治理体系。大学治理现代化就是以效率、民主、合理、合法等为原则建构治理结构。

3.1　大学治理的效率性

3.1.1　大学治理效率的内涵

大学治理的效率性体现为大学治理活动投入与产出的关系，具体包括办学水平、办学质量、卓越性等。

大学是一种准公共产品，旨在为社会提供高级的专门人才和知识创新，并以此来参与社会的竞争。国与国之间、校与校之间的竞争决定了大学必须以“效率优先”作为目标。这种效率性首先表现为提供高质量的教育服务。马丁·特罗在关于《加州大学的治理》一文中谈到，加州大学共同认可的两个原则是：“大学自主权的最大化——大学自主决定事务的能力；追求卓越——在各方面成为或继续成为全国最好的大学。”❶ 这种效率性也表现为投入产出的财务效率问题。康奈尔大学前副校长罗纳德·G. 埃伦伯格在其主编的《美国的大学治理》中指出：本科生的学费增长率都远远高于通货膨胀率的增长，美国国家高等教育成本委员会成立的目的就是遏制学费增长。❷ 这种效率性也表现为国家战略对外扩张的效率。发达国家已经把教育服务作为服务出口的重要构成部分，既有扩大政治影响的考量，更有摆脱经济困境的需求。全球教育服务资源分布不平衡，发达国家采取了吸引留学生的教育政策，扩大教育服务贸易出口，并解决本国劳动力不足的问题。

---

❶ 马万华. 多样性与领导力——马丁·特罗论美国高等教育和研究型大学［M］. 北京：教育科学出版社，2011：210.

❷ 罗纳德·G. 埃伦伯格. 美国的大学治理［M］. 沈文钦，张婷姝，杨晓芳，译. 北京：北京大学出版社，2010：3.

3.1.2 大学治理与资源配置方向

在大学治理的资源配置上，我国大学治理过程是有经验的。以“985 工程”“211 工程”为例，由于建设一流大学的教育经费是计划性配置资源的方式，也容易产生“公地悲剧”的效应。每所高校都希望增加中央的投资，扩大学校规模，不计成本。实施“985”计划后，中央直属高校的经费三年内增长了 2 倍以上，增长速度过快，不仅远远高于 GDP 增长速度，也远远高于政府财政收入的增长速度。中央增加投资—扩招—再增加投资—再扩招—滚雪球式的发展，以及由 985 高校扩张带动下引发的羊群效应直接或间接地引发了高校的财务风险。中国社会科学院发布的《2006 年：中围社会形势分析与预测》指出，2005 年以前，我国公立高校向银行贷款总额达 1500 亿~2000 亿元[1]，几乎所有的高校都有贷款。厦门大学邬大光教授的一项调查表明，我国公立高校贷款规模高达 2000 亿~2500 亿元。九三学社中央副主席邵鸿认为高校债务保守估计为 4000 亿元[2]，而吉林大学自曝负债 30 亿元，这一现象引发了人们深入的思考。高校投资的软预算约束，说明了高校投资体制存在弊端。大学资源的有限性决定了必须进行资源的科学配置，从而在办学治校育人中发挥最大的作用。教育行政部门掌握着高等教育资源的分配权，由于排除了市场的介入，学校之间缺乏竞争机制，政府通过地方行政部门、教育行政部门等环节将资金拨给学校。这种行政性的选择，使得那些知名大学获得国家重点培养的机会较多，而那些非知名院校得到国家特别拨款的机会则较少。在学校发展、学生的学习机会和就业机会等方面，知名学校比非知名学校具有绝对的优势。[3] 中央直属的院校生均经费和预算内的生均教育经费都大大超过了地方院校的水平。

首先，大学资源的有效配置是要服务于其使命、战略、定位、质量的。

---

[1] 江小惠．“十一五”高等教育投入保障机制及相关问题策略研究［J］．中国高教研究，2006（10）：32-34.

[2] 高校债务不该由政府买单［EB/OL］．［2007-03-13］．http://www.gmw.cn/content/2007-03/13/content570243.htm.

[3] 王靖．从“211”和“985”看政府对高等教育财政投入的“马太效应”［J］．长春工业大学学报（高教研究版），2009，30（4）：57-59.

具体包括人力资源的投入、学生资助、研究经费等。各项经费的配置方法和比例决定了配置的效率，其对推动学术创新、培养创新人才产生直接影响。其次，大学资源配置是服务于国家战略的。创办世界一流大学的研究资助主要由政府资金支持。世界著名高校哈佛大学、斯坦福大学、加州大学伯克利分校的研究资助主要是由联邦政府提供的，还有我国的“985 工程”“211 工程”“双一流建设”主要是由政府投入的。这些投入都是服务于国家战略发展的需要。

3.1.3　大学治理与人才培养质量

大学治理的目的是要解决高等教育人才结构与国家人才需求还不匹配的矛盾，要解决人才质量和经济社会发展之间的矛盾。首先，人才质量是治理效率的基本目标。通过大学内部要素重组、结构优化，实现大学治理结构、规模、质量、效益的协调发展，促进高校治理体系和治理能力的现代化。其次，人才质量要满足社会经济发展需要。大学治理效率通过学术优势、科技优势、创新优势转化为人才优势，实现高等教育的内涵式发展。再次，满足人们日益增长的优质高等教育资源的需求。新时代的高等教育矛盾是人民群众对优质高等教育资源需求与高等教育发展不均衡、不充分之间的矛盾。对国际化人才、跨文化学习机会、追求卓越化发展、多元化资金追求及未来发展趋势的需求，促使对高等教育质量的重视和评估逐渐成为高等教育全球化所关注的问题。“双一流”建设、专业认证、国际评估、大学排名等成为评判治理效率的标准。

3.1.4　大学治理与知识创新

大学治理的效率还体现在知识创新能力上。知识创新的基础和动力来源于科技创新和社会进步，反过来再引领和支撑科技进步和社会发展。第一，大学治理的效率体现在创新目标上。大学治理要明确“基础研究与应用研究”“个人自由探索与国家目标导向研究”等重要的理念与目标，构建“知识创新体系”“技术创新体系”和“人才培养创新体系”，制定创新能力建设规划，全面推进创新能力建设。第二，大学治理效率体现在创新体制上。创新是应用技术大学的精神内核，而制度建设则是保障持续创新的前提。第三，大学治理效率体现在创新队伍上。高水平的教师队伍和创新团队，是决定大学创新能力的关键。各大学应把科学研究与人才培养教育有机结合，建立激励制度，稳定和吸引优秀、拔尖人才，加强教师队伍的培训，强调尊重人才，营造竞争、和谐、有序、协作的创新氛围。第四，大学治理效率体现在创新环境上。为科技创新创建一个良好的内部和外部环境，努力营造和谐包容的文化氛围，鼓励敢于担当、勇于超越、善于创新、敢为人先、宽容失败的拼搏精神。第五，大学治理效率体现在创新服务上。世界大学的发展史表明，大学只有为社会提供创新服务才能更好地生存和发展。产学协作可提升大学服务社会的能力。

3.2 大学治理的民主性

3.2.1 大学治理民主性的内涵

现代大学治理的民主性原则强化利益相关者的权力制衡及互动，是大学与师生员工、政府及其他社会力量共同治理的过程，是一种“共同治理”。大学治理的民主原则体现在治理制度、治理结构、治理方式和治理的人本价值四个方面。

3.2.2 大学民主治理的制度

大学治理要按照“权责一致”的原则，科学合理地配置大学内部治理过程中的责权利。通过建立大学治理的民主决策制度、民主程序制度、民主监督制度和责任追究制度等，规范学校的办学理念、发展方向、教育形式、组织结构、师生权利义务及大学与政府、其他社会组织、校友之间的关系等，权衡大学治理中的多重利益主体，实现大学民主治理的和谐与稳定。在大学章程各项具体内容的制定过程中，要严格依据国家现有政策和法律法规明确责权利。

3.2.3 大学民主治理的结构

建立健全治理结构，反映了执行者和所有者的利益。就我国而言，公立大学党委代表国家行使权力，内部治理结构还要反映办学者、专家学者、师生的权益。完善治理结构包括建立健全民主决策机构、民主执行机构、民主监督机构、信息反馈机构，明确治理机构的职责，通过明确大学民主治理机构的职能范围和性质，才能使其更好地发挥作用。对教代会、学代会、校务委员会、学术委员会等大学内部治理机构的权责也要做出统一规定，进一步明晰权力和责任范围，合理配置治理机构人员。简而言之，民主治理机构的权力包括决策权、执行权与监督权。

3.2.4　大学民主治理的方式

大学民主治理是大学内部管理体制的重要组成部分，完善大学民主治理机制，是建立现代大学制度的重要内容。良好的大学民主治理机制可以提高民主治理的效能，推进大学民主政治建设的进程，促进高等教育事业健康和谐、又好又快地发展。大学的学术性决定了大学决策事务必须有象征学术权力的学科专业知识的参与，大学治理还要考虑与大学利益相关的重要人群即学生和教师参与决定大学治理的决策。民主治理的方式涉及民主决策权、执行权与监督权的运行方式。大学的运行逻辑必然决定了教师的学术权。而学术权也必须通过民主治理方式来好好保障，从才能形成学术自由的环境。

3.2.5　大学民主治理的人本价值

大学民主治理的价值在于体现人的价值。儒家“仁者爱人”就是以人为目的而不是工具。孔子把“仁”视为道，大学治理之道在于“仁”。“仁也者，人也。合而言之，道也。”❶ 孔子解释了仁的内涵，把仁的行动法则也表述清楚了。鲁哀公曾向孔子问政。孔子答曰：“为政在人，取人以身，修身以道，修道以仁。仁者人也，亲亲为大。”❷ 何谓“仁”？“樊迟问仁。子曰：‘爱人。’”❸“仁”的精神，就是爱人。大学治理的价值在于把人放在第一位，要关心人、尊重人、待人平等。“爱人”是强调人与人之间的平等，强调人的价值高于物的价值。正所谓“天地之性，人为贵”❹。治理的规范在于建

❶《孟子·尽心下》。

❷《礼记·中庸》。

❸《论语·颜渊》。

❹《孝经·圣治》。

立人本标准。“仁”是一个含义很广的道德规范，“仁”的思想十分重要，与“义”“礼”“智”“信”等其他思想相互关联，并把“仁”作为伦理规范的一个考察标准，将“仁”解释为人之所以为人的本质。“仁”属于哲学范畴，它涵盖了人的修德修身、理想信念和思想境界等内容。

3.3 大学治理的合理性

3.3.1 大学治理的合理性内涵

合理性即正当性，大学治理要遵循学术性和创新性的要求，实现大学治理的传承之道。在人才培养、学术创新、社会服务与文化传承都积累了一定的基础。大学治理的合理性在于要守护大学的独特性，维护大学的创新性、学术性、服务性、文化性等特征。

3.3.2 治理发展动力的合理性

大学治理的合理性源于组织的理性模型。泰罗、法约尔和韦伯的组织理论都把组织看成一个封闭的系统，而实际上，组织是一个开放的系统，要受到来自组织内外部各种因素的影响。如果只是从组织内部的技术和目标效率分析，是不能适应组织内外部环境的多变性发展的。

法国著名哲学家笛卡尔认为，改造别人的工程是很难做到完美的。[1] 这在哲学层次上说明了整体综合改革的顶层设计的重要性。让-皮埃尔·戈丹强调，“我们所关注的治理方向就是以打破决策过程中观察领域和研究领域之间的隔阂为宗旨的。”[2] 这其实也是对组织治理整体性的一种强调。从大学发展的动力看，是系统内诸要素相互作用的结果，是系统整体发展的结果。

3.3.3 治理结构与程序的合理性

权变理论有个基本观点：一个组织的结构和程序都是为了处理组织所面

[1] 笛卡尔. 方法论·情志论［M］. 南京：译林出版社，2012：10.

[2] 让-皮埃尔·戈丹. 何谓治理［M］. 钟震宇，译. 北京：社会科学文献出版社，2010：19.

临的不确定性因素而设计的。因此，“一所大学可以设计出一个内部结构，这种内部结构的主要目的在于处理有关重要支持者的不确定性”[1]。大学受到来自组织内外的各种权力关系影响，导致组织的不确定性加强，大学治理的合理性就是要在大学治理结构与程序上尽可能减少组织的利益冲突，大学组织结构的合理性是要建立合理的组织架构，处理好内部的决策权、监督权、参与权，协调多方利益。治理的合理性在于通过建立一整套合理的流程，维护组织权力行使与监督的正常运行。程序正义能促进实体正义的实现。

3.4　大学治理的合法性

3.4.1　大学治理合法性的内涵

大学治理合法性是法治的价值取向、规则体系与法律实践，是利益相关方权力的平衡，是以大学章程为核心的治理规则的完善，是大学治理利益各方的权利保障，是通过正当程序实现教育公平正义的法律实践活动。大学治理是国家治理体系的一个组成部分，随着国家政治经济和法律制度的发展而变化。建设中国特色现代大学制度，是完善国家建设和治理体系的一部分。大学治理体系和治理能力现代化是国家制度建设和治理体系的一部分，大学治理的现代化与国家治理现代化是系统与要素之间的关系。因此，在全球化、信息化的背景下，实施科学、合理、有效的治理，使大学的治理效能最大限度地发挥的同时又能有效管控风险，是不可回避的问题。在借鉴域外经验的基础上，探讨中国大学治理规则体系具有一定的必要性和前瞻性。

3.4.2　完善治理规则体系

第一，完善大学章程和制度规范，保证制度协调一致。大学治理的专门性法律法规较少，重要的大学治理规则仍处于“空白”。大学治理是国家治理体系的组成部分。大学治理规则体系是国家治理体系的一部分，如何界定政

---

[1] 罗纳德·G. 埃伦伯格. 美国的大学治理［M］. 沈文钦，张婷姝，杨晓芳，译. 北京：北京大学出版社，2010：78.

府与高校之间的权力和职能，如何确立大学办学自主权，仍然是当前大学治理需要解决的关键问题。大学一方面要接受国家治理指导思想、战略目标、方针政策和遵守法律法规的具体规定，另一方面要完善中国特色现代大学制度。按大陆法系的做法，高校是独立机构，大学内部事务的处理由大学治理机关处理，法院也不受理高校的官司。按英美法系的做法，高校是自发自主组织，也限制政府和其他机构去管理。因此，大学治理规则体系应该以大学章程为核心，通过平衡大学的利益关系和权益，捍卫大学的学术组织特性。大学章程在大学治理中享有“大学宪法”的地位，大学的外部关系主要根据《宪法》《教育法》和《高等教育法》等进行明确，并由大学章程承接；大学内部权力关系则主要由大学章程予以明确，结合内部规章制度，规范大学各利益主体的权力关系。大学章程确保利益相关人的参与权、表达权，通过学校内部的各项规章制度，监督大学各项活动运行情况。增强法律约束力，合理划分权力结构和规制权力关系，达到各利益主体和谐共治、各权力安其本位且相辅相成的法治化治理状态，完善大学章程建设以推动大学治理基本成为共识。[1] 第二，确立大学制度规范、程序正义，明确权利义务关系。大学内部治理规则不完善，则无法在大学治理中实现有效规范。大学内部各利益主体如何参与、权利如何保障、正当程序如何设置等问题缺乏针对性和全面性，亟须根据大学治理的新情况及时补充与完善。第三，确立公平正义的法治价值观，确保制度规范的普遍实现。大学治理的规则治理初现雏形，但尚未形成体系。大学治理规则仍处在摸索阶段，以传统的法律以及规范性文件为主，要建立完善的治理规则还需要充分吸收中西方的治理智慧。第四，大学治理规则要运用现代科技手段。例如，通过加强区块链数据治理、大数据治理等来实现治理的现代化。第五，确保大学权利诉求的畅通性。强化专业性行业协会的自律监管作用。大学专业涉及方方面面，除了融入政府监管治理，还要重视行业协会的专业监管作用。通过行业协会共同制定较完备的治理规则，提高大学治理的效能。

---

[1] 王洪才. 大学治理的内在逻辑与模式选择 [J]. 高等教育研究，2012 (9)：24-29.

3.4.3　理顺大学内外部权力关系

大学治理的法治性在于理顺大学内外部的权力关系，规范政府的治理权，对政府的职能和责任做出明确的界定，在大学治理的多方利益共同体中，要由多元主体平等参与，协商制定各种规则；从法律上确立学生治理的参与权、选择权和救济权；发挥好教学指导委员会、学位委员会、各专业委员会等机构的作用，提高教师在学术权中的地位，保障教师的监督权，健全学术权力机构并通过大学章程明确其权力责任及合法性，让学术权力机构能更有效地决定和管理自己的学术事务；重视出资者的自治权，增加大学捐赠的数额和渠道。

3.4.4　重视传统法治资源的作用

大学治理合法性是对法治的价值取向的认同，更是法治的实践。要实现大学治理的法治化，还要善于运用传统的治理资源来实现大学治理的目标。就我国传统的法治治理资源而言，儒家伦理能很好地解释现代的法治社会。儒家学说确立的公序良俗和诚实信用是现代法律的基本原则。有学者认为，儒家伦理治理只适用传统中国自给自足的小农经济和专制社会，而不适用现代市场经济社会，现代治理模式应该建立在市场经济的法治基础上，而不是依靠君子来做决定。很显然，这种观点把君子治理等同于人治。但是，他们这样的质疑解释不了现代法治社会同样需要君子来治理，也不能解释现代社会为什么需要有社会责任意识。

第4章

现代大学的外部治理体系

大学治理可以分为内部治理体系和外部治理体系。外部治理体系主要探讨大学与政府、外部董事、利害关系人之间的关系。而规范大学治理的外部关系是需要通过相关的法律来确立的。例如，大学地位、学术权力等如何免受外部的干扰等问题。大学治理制度和学术自由制度对于大学运作有重要的作用，是国家社会未来可持续进步的关键，是科学创新的研究条件，有利于整个人类社会的发展。

大学治理制度的发展，有政治、经济和社会等领域的影响，这也说明了一个组织发展要受到外部条件的控制。从政治的角度看，要考察政府对高等教育的调控和政府出台的法律制度；从经济的角度看，要考虑市场对大学发展的支持和负面影响；从社会的角度看，要分析公民参与对大学治理制度的影响；从文化角度看，要考虑社会的价值观念对大学治理的影响。这些影响表现为受教育权范式从特权范式、宗教范式、国家范式向社会范式演变的过程❶，也表现为国家举办和发展教育这种社会事业和对教育这种社会活动进行管理的权力❷。在政治、经济和社会领域发生变化的情况下，大学治理制度也在发生着变化。而这些变化最直接地体现在大学的章程之中。本章以各国宪法、大学的章程和相关的法律法规为分析的文本，从文本对比中解读大学治理的法律地位、政府干预大学事务的方式和限度、大学治理制度的变迁以及大学治理规范的基本特征。不同的社会制度与社会意识形态之间的分歧，反映了不同的社会的利益冲突。为达成目标，国家会制定公共政策、改变社会结构、主导社会的转型，甚至在经济的发展上扮演主导的角色。在经济发展

---

❶ 孙霄兵. 受教育权法理学：一种历史哲学的范式［M］. 北京：教育科学出版社，2003.

❷ 秦惠民. 走入教育法制的深处——论教育权的演变［M］. 北京：中国人民公安大学出版社，1998.

的不同阶段，政府的影响力是不一样的。社会中心论者以公民社会为研究中心，认为国家机关的性质由公民社会来决定。国家中心论者认为国家或政府机关本身拥有自主性与所欲追求的目标，且在政策的制定上扮演主动积极的角色，不易受民间团体的影响。不管怎么样，政府对高校治理方面的影响力是毋庸置疑的。法律文本从过去的权力文本中提炼观点并与我们的世界进行对话。如果法律文本只有官方的专制主义程序，那么这样的文本对社会对个体来说将会是一场灾难，因为这种文本解构了他人，解构了社会的所有价值。在解读法律文本时，我们要尊重这种制度，使得文本具有统一性或完整性。只有文本具备了完整性和连续性，再根据具体事例进行不断的调整，我们才能解释出文本背后的意义。

4.1　现代大学的外部治理的影响因素

从 20 世纪末至 21 世纪初的这段时间，整体社会环境的变化剧烈，在这个大变动的时代，大学的外部治理遇到了更多挑战。大学治理的效力就是大学创造可以接受的成果和行动的能力是衡量大学满足社会需要的外部标准，反映了大学治理功效的评估和资源消耗的评价。实际上，建立现代大学制度的诸多内因都是由于大学的地位与功能发生了重大的变化，大学的发展与社会的关联度越来越高。

潘懋元认为“走进社会中心的大学需要建立现代制度”。现代大学已经走进了社会的中心，并担负着重要的历史使命：第一，大学应成为社会经济发展的人才库；第二，大学应成为社会经济发展的知识库；第三，大学应成为知识产业的孵化器；第四，大学应成为社会经济发展的思想库。而建立现代大学制度是大学完成其使命的需要。“开展现代大学制度研究，促进大学制度现代化，是我国大学完成其使命的需要。”❶ 大学与社会的关系体现在相互依存关系上，一方面，大学从社会获取资源；另一方面，大学服务于社会。

总体而言，大学外部治理要应对社会经济发展的挑战，要成为思想创新文化引领的主阵地。大学外部治理会受到人口因素、全球化、知识经济和信

❶ 潘懋元. 走向社会中心的大学需要建设现代制度［J］. 现代大学教育，2001（2）：5-7.

息技术等的影响。

1. 人口因素的变化

一方面，人类寿命的增长，使得人们对终身教育的需求增加；另一方面，出生率的降低，造成许多国家就学人口不增反减，激化了招生的竞争。我国一直实行计划生育政策，近年来出现了生育水平降低、人口老龄化的情况。即便是现在采取了“二孩”“三孩”政策，生育率降低对大学招生来说还是一个严峻的挑战。大学如果不能适应环境的变化，将会出现生存危机的问题。实际上，人口因素的变化也是经济发展的重要因素，从而间接地影响大学的发展。

2. 全球化的影响

随着全球化的国际竞争压力的不断增加，大学必须重新审视其教育的内涵与方法，以制定具有国际观与竞争力的人为目标，适应全球化社会的需求。全球化的竞争，关键在于“创意”“速度”“品质”。全球化既有经济方面的考量，也有政治、文化因素的介入。

3. 知识经济的发展

知识经济的基本要件是知识与技术的创新，而大学正是新知识与新技术的生成场所，其研发成果与经济发展休戚相关，所以大学，特别是研究型大学被赋予了更多期待与责任。知识经济时代，大学从知识的提供者和创造者转向知识应用者。伯顿·克拉克和亨利·埃茨科威兹两位美国学者用“创业型大学”来描述知识经济时代大学治理的变革。从实践层面看，新加坡推行知识经济发展战略，把新加坡国立大学（NUS）建设成一流创业型大学。20世纪以来，NUS 紧扣时代背景，对接知识经济建设，在短短几十年的时间内从一所普通的教学型大学一跃成为世界一流大学，NUS 连续多年在亚洲地区大学排名中位居第一。今天的大学治理，也要适应知识经济发展的要求，通过对知识的创新和应用来牵引和驱动经济发展。

NUS 创业部组织结构如图 4-1 所示。

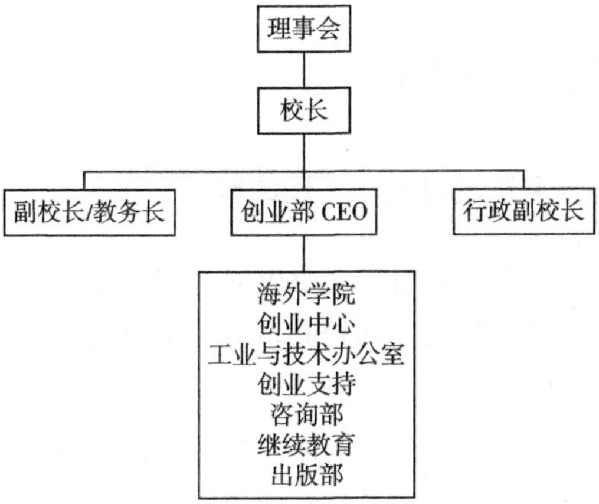

图 4-1　NUS 创业部组织结构

4. 信息技术的变革

发达的国际网络（Internet），让教学可以突破空间与时间的限制而有更多的变革与可能，科技的发展也让大学对现有组织架构与管理模式进行重新思考。

5. 市场化的现象

在高等教育容量不断扩充的同时，可用资源又相对减少，这使大学不得不走向企业化经营，而虚拟大学以及一些营利性高等教育机构的出现，也加快了高等教育商业化的脚步。

过去，大学一向被刻板认定是一个敏感度不足、应变力迟缓的机构，其应变的速度总是赶不上社会的脉动，面对当前多元、复杂与瞬息万变的社会，大学不能再以不变之态自限，在现代社会，建立一个富有弹性、机动性与高效率的治理机制便显得格外重要；因此近几年，大学治理遂成为国际高等教育界所共同关切的课题。

4.2 经济因素对大学治理的影响

4.2.1 国家经济发展阶段对大学治理的影响

四百多年前，欧洲列强开始建立殖民地大学，这些大学主要是为皇权服务的。成立的大学大多开设欧洲课程并培养有素质的专业人才，如牧师、律师、医生、官员和教师。

全球化时代，大学的数量成倍增加，但是以欧洲为中心的知识体系在后殖民世界中仍然占主导地位。大学的全球等级制度具有组织、课程和教学方法的基本特征。大学，表征的是国家的经济发展阶段。在世界范围内，南北差距使大学治理受到外部约束力的影响。发达国家的大学建立了自己的治理标准，大学治理全球化导致发展中国家处于非民主不平等的境地。例如，当前的艾滋病毒/艾滋病治疗研究需要大量数据集，也需要大量资金，但其资金主要来自美国，而大量受影响的人口却在非洲。这样便产生了经典的新殖民地数据流。

4.2.2 大学治理与产业集聚

在大学与大学以外各种领域之间的关系发生变化的过程中，大学与产业界关系的紧密化与复杂化，为大学与产业界双方都带来新的问题。从大学的角度来讲，大学如何从产业界获取资源，而不失去大学作为知识社群的独立自主性，是大学与产业界互动时所应思考的重要问题。但是从产业界的角度来讲，如何从大学获得最新的科技与知识，以便有效促进产业的升级，如何将科技新知市场化，是产业界在与大学互动时最为关心的问题。

大学的运营有赖于经济资源的注入。从 20 世纪大学的发展史来看，大学获取的资源来自国家部门，国家各部门是大学研究经费的重要提供者，大学承担了国家机器的部分功能。大学也从社会中获取资源，大学从社会中的生产部门与服务部门获取经济来源，因此大学与产业界必须开展密切的合作关系。大学从产业界获取经济资源之后，则不可避免地与经济领域进行进一步整合。

大学生产的产品也服务于产业。大学与产业界关系紧密的第二个普遍理由，在于最近二十年来大学本身性质逐渐改变。近二十年来，产业结构的变化，特别是高科技的发展，带动人类文明的各方面发生了巨变。在大学校园内，由于人文社会科学与社会经济部门关系日趋紧密，大学作为智库（Think Tank）对社会政治部门提供政治政策与社会政策的建议。大学中的自然科学部门则与科学园区（Science park）紧密结合，在这种发展趋势下，大学逐渐成为所谓知识工业（Knowledge industry）的工厂。从世界大学发展史的角度来看，中古时代大学服务的对象是传教士，19世纪的大学则是以培养精英领导为目的。20世纪以后，大学大多属于中产阶级的教育机构，为中产阶级而服务。到了现在，由于民主化浪潮的冲击，大学作为全民大学的性质日益彰显，在这种新的发展趋势下，大学与产业界的关系必然日趋紧密。

“二战”中的曼哈顿计划提出“谁出资、谁拥有”的政策，由于研究型大学在“曼哈顿工程”中的卓越表现，美国联邦政府开始大力资助大学的科学研究。20世纪70年代，美国发展速度放缓，并且逐步被日本及西欧等国家和地区追赶，为了扭转颓废态势，美国政府进行了一系列改革，其中1980年对专利商标法的修改即《专利及商标法修正案》进一步将创新放到重要位置，该法案中明确了由联邦资金支持的技术创新的所有权可以由承包方享有。看似简单的变化，却极大地激励了创新主体，使其进一步加强创新及成果转化。经过短短十年，美国重新站在了科技创新领域高点。该法案被《经济学人》评为过去半个世纪中美国最具有激励性的法案，由于该法案是由美国参议员伯齐·拜尔以及罗伯特·杜尔共同提出的，所以后来也将其称为《拜杜法案》。该法案生效之后的几年中，美国的科创成果转化率增长了10倍之多。时至今日，《拜杜法案》经过多次修改，但其核心理念依然没有改变，即解决科技创新成果与市场商业化应用间无法顺畅对接的问题，进一步促进科技创新并对经济起到正向拉动作用。

美国《拜杜法案》颁布并实施后，各国政府和大学无不费尽心思勠力将学术研究成果推广至产业界，其中主要手段有以技术专利和授权来实现大学技术商品化。但是，产业界如果只是想通过建立产学合作关系以及加强双方互动来培植自己的技术能力，官、学界如果一味使用申请专利或设立新创公司来衡量学术研究成果商品化的成效，此绩效衡量便显得适当。

大学带动产业经济带发展。大约20世纪60年代以来，美国主要的大学大多分布在两个区域，第一个区域从波士顿到华盛顿东部。统计资料显示，全美诺贝尔奖得主以及国家科学院院士有将近一半居住在这个地区。第二个区域是沿着加州海岸线展开的洛基山脉地区。统计资料显示，大约有36%的诺贝尔奖得主，20%的国家科学院院士居住在这个地区而这两个区域由于工业发展、人口集中，因此影响所及，人文荟萃，教育发达，名校林立。美国硅谷是世界上第一个高新技术产业区，也是当今世界上最具创新能力和活力的高科技园区，它位于美国西海岸加利福尼亚州北部旧金山南郊，是圣克拉拉县和圣胡安两城之间一条长48公里、宽16公里的狭长地带。截至2010年，它有4000余家高新技术公司，雇员总数近200万人，那里集中了全美90%的半导体公司，生产电子工业所需的最基本材料——硅片。从以上这两个例子我们可以发现，教育的发展与经济的繁荣实有其深刻相关性。[1] 产业与经济对学校专业的发展也有直接的影响。1969年至1976年，美国各大学中专攻职业科系的学生由38%跃升到58%；专攻人文科系者，则由9%降到5%；专攻社会学科者，由18%大幅降到8%。这种现象持续到1982年，专攻职业科系者提升到64%。再从专攻领域来看，大一学生专攻历史者，1973年占1.6%，1983年突降至0.5%；反观选择工学者，由6.6%激增到11%。[2] 这些都说明了经济发展与教育是密切相关的。

大学产业发展正在全球范围内扩张。法国院校已与中国高校开办名为“中法学院”的联合教学机构。以前，中法学院主要集中在工程、航空和能源科技等领域，课程包含一年法语预科、在法国学习一年或以上并为学生颁发双学位证书等内容。但如今这些院校还为学生与法国企业牵线搭桥。

4.3 政治因素对大学治理的影响

确立大学法人地位，运用法人制度来处理大学与政府、社会的关系是当

[1] Clark Kerr. The Uses of the University [M]. Harrard University Press, 2001.

[2] The Role and Functions of Universities: OECD Country Report [M]. United State of America, 1985: 96.

前发达国家行之有效的方法。在世界发达国家中，国家立法规定大学具有独立法人地位，依法享有大学治理权。大陆法系的国家实行公法人制度，保护大学治理，大学董事会成员以教授为主。而英美法系的国家则将决策与执行分离，由外部董事组成董事会并参与决策，执行工作由校长来负责。大学的法律人格有公法人、私法人之分。在发达国家，大学法人化是一个普遍的现象。大学法人化是否有利于大学治理、学术自由和追求卓越，在学术界是一个有争议的问题。欧美大学“公立大学法人化模式”，在大学之上设置董事会或咨询委员会，政府与大学之间从直接管理向监督管理关系转化，设立大学拨款委员会分配资源，设立大学教育审议委员会对大学进行评估和督查。

通过完善大学法人制度，突破各种政策性、体制性保障，可以增强大学的竞争力。构造与完善法人治理制度，也是现代大学治理的核心向往。这也是正确处理大学与政府社会之关系的制度安排。法人治理结构，既是外部法律的约束，也是大学章程的规定。

4.3.1　英国的大学法人

英国没有美国所谓的私立大学，也没有美国所谓的公立大学。英国所有大学都是根据特许状设立的。欧洲中世纪，各行各业纷纷组建自己的行会，通过取得教皇、国王颁发的特许状获得相应的自治权。大学组织是学者们也模仿行会组织模式，通过获得特权，来实行大学自治。罗马法中的特许法人是最早的法人形式，后来梵蒂冈教廷用以界定教皇与教会的权力范围。[1] 大学就是最早的特许法人之一。在英国，牛津、剑桥大学、格拉斯哥等传统大学都是依据教皇特许状成立的。剑桥大学于 1318 年被教皇约翰二十二世正式承认为 studium generale[2]，是一个有资格给毕业生授予在基督教世界普遍有效的教师资格证书的大学。1571 年，伊丽莎白一世颁布了大学法，正式承认牛津大学和剑桥大学的法人地位。[3] 1451 年，教皇尼古拉斯五世宣布格拉斯哥大学师生享有大学的自治权。在当时的欧洲，大学的自治权源于教会的特许状，

---

[1] E. D. Duryea. The Academic Corporation [M]. Falmer Press, 2000: 105-144.

[2] 在中世纪，大学的另一种称谓。

[3] Cambridge, U. O. Statutes and Ordinances of the University of Cambridge [M]. Cambridge: Cambridge University Press, 2012: 3.

由此该大学的校长获得了校内司法权。在传统大学形成之初，牛津大学、剑桥大学还有苏格兰的古老大学也曾经获得一定的司法权力。

中世纪的欧洲，宗教改革之前，教会授予大学特许状；宗教改革之后，国王或政府授予大学特许状。当特许状授予权成为皇家的权力时，真正行使这项权力的是英国枢密院。大学的设立、变更等申请都必须向枢密院申请，获批后由枢密院颁发或同意修改特许状。

13 世纪以来，社会结构发生了很大的改变，行会组织的发展改变了其成员的地位，行会精英主导了社会结构，市民共同体开始向法人转变。❶ 在城市中，不同阶级利益冲突加剧，不同的意识形态纷呈，英国也从一个农业国变成了一个工业国，城市成了政治和宗教活动、经济生活、社会和文化的中心，大学就在其中发展了起来。

市场在扩大，王权力量在增强，各种利益团体在分化，在这一过程中，英国的法人观念逐渐明晰化，国王开始明确授予城市、行会或公会等各种社会团体法人地位。15 世纪，法人概念广泛地被运用于世俗领域，出现在较大的市镇（borough）以及行会或公会等所获得的特许状中。“在大学和教师团体中，社团成员的死亡和退出并不影响团体的存在。”❷ 简而言之，教会具有了法人人格，大学也具有了法人人格，只要持有特许状，他们的权力就具有了永久性。大学法人，作为拟制的人，是由校长、理事会、教师等共同组成的。

传统的特许大学有制定章程的权力，有对大学组织成员进行处罚的权力，大学事务受到司法干预其目的在于审查章程的合理性。❸ 与获得特许状的大学相比，那些 1992 年后设立的大学，是按公司法组建起来的法人，他们的行为受到“越权规则”（Ultra Vires）的审查。“越权”一词源于拉丁文的 ultravi-res，原意为超出（Ultra）行为人法律权力（Vires）的行为。在现代英国公司法上，“越权行为”的含义除了指公司超越其目的范围的行为外，还包括未能遵守其章程或公司法令规定的正当程序；而“越权规则”则是关乎越权行为

❶ 泰格，利维. 法律与资本主义的兴起［M］. 纪琨，译. 上海：学林出版社，1996：43-44.

❷ Pollock & maitlan1d, the history of english law（1923）vol 1, 508.

❸ 参见案例 Ipswich Tailors'case（1614）11 Co Rep53；Slattery v Naylor（1888）13 App Cas 446, 452.

后果，主要是关于其外部后果的规则。[1] 据此，1992 年之后的大学的司法干预是审查大学行为的合法性。

总之，英国大学获得了法人资格，成为民事权利的主体，从而受到了法律的保护。在此基础上，英国的大学才获得长足的发展，英国大学的董事会才真正成为治理机构的核心。也正是在这个基础上，英国大学才形成了一套法人治理的自治模式。

4.3.2　法国的大学法人

大学作为法人，是大学具有国家承认的学术自由的权利。法国对学术事务和行政事务并不做区分管理。这是区别于德国大学法人的特点，它构建的是单轨制的行政体系。1984 年的法国高等教育法第三章第二十条规定："公立科学、文化及职业性质之机构系指国立之高等教育研究机构。"上述机构具有法人地位，并享有教学、科技、行政及财政上的自主权。法国是典型的中央集权国家，以校长制为主，主要决策由教育部或内阁做出。大学校长系根据法国大学治理原则，由该校的行政委员会、科学委员会、大学课业与生活委员会集体选举产生，校长候选人必须是该校的正式教学人员，当选后不再兼任校内或它校的任何职务。大学的管理必须通过校长的决定、行政委员会的决议、科学委员会和大学课业与生活委员会的建议和意见。校长主持大学校务，处理与第三方及司法相关事项，作为代表学校法人负责签订协议及合约，负责大学财政收支之审核。另外，若校园发生危难或有不良分子滋事，校长可召请公权力协助维持校园秩序（《法国高等教育法》第二十六条、第二十七条)。

4.3.3　德国的大学法人

德国根据学术自由的精神发展出大学治理，使大学具有自治团体法人地位，脱离上下层及隶属关系的行政官僚体系，但德国人认为大学教育本为国家任务，有其既定目标。因此，为了维持教育一贯性、整体性与延续性，大学不论是在执行自治事务或国家事务、无论享有多大的自治，毕竟非"国中之国"，都应受国家的监督。因此德国大学内部治理实际上采取的是一种"学

[1] 沈四宝，王军．国际商法论丛（第 5 卷）［M］．北京：法律出版社，2003：16.

术自治行政”的表现形式，实质上与完全意义的自治行政略有不同。德国认为，大学为国家所设立，国家仍应保留决定性权力，国家也仅承认大学在学术领域内有自治权，大学财政属于国家财政的一部分。德国大学治理并非赋予大学针对校内所有行政事务来说的完全自主决定权，只有在处理与大学教学、研究、课程及进修直接有关的事务时才享有自治权。1976 年，德国大学基本法第 58 条第 1 项规定：大学为公法社团，同时为国家机构。1998 年，德国修订了大学基本法，对大学组织进行了改组，引入企业机制。第 58 条增加了内容：大学可以以其他的法人形态设立。

4.3.4 美国的大学法人

美国大学法人就是大学董事会。美国大学董事会的设计源于欧洲。美国是个地方分权的国家，没有全国统一的大学设置标准，对大学的监督和管理主要由州政府来实行。美国的大学没有中世纪的传统，以哈佛学院为首的最初的学院源于英国，由各种各样的宗教团体开办，是经过批准获得特许状的法人实体，因此，学院由院外人士控制，管理人员既不是学术人员也不是政府人员。美国州立大学的发展发生在 1825 年至 1875 年之间，发展至今，公立大学与私立大学并行不悖。大学董事会制度最早源于 14 世纪意大利大学所创立的由社会人士组成的委员会（Lay Board）管理形式。后来，这一管理形式被瑞士的加尔文学院效仿；荷兰的莱顿大学效仿了加尔文学院；苏格兰的爱丁堡大学效仿莱顿大学；都柏林三一学院效仿爱丁堡大学。美国哈佛大学在创建的过程中效仿都柏林三一学院的管理形式，此后，美国早期大学逐渐形成了大学由董事会控制的传统。❶

虽然英国大学的董事会制度早于美国，但董事会制度却在美国得到了充分的发展，并成为美国大学内部管理体制的一大特色。因此，范德格拉夫（John H. Vande Graaff）指出：“英国大学传统上一直受校外人士的影响，其影响程度只有美国的高等学校才能超过。”❷ 另一位高等教育学者鲍德里奇

❶ 单中惠. 外国大学教育问题史［M］. 济南：山东教育出版社，2006：279.

❷ 约翰·范德格拉夫. 学术权力——七国高等教育管理体制比较［M］. 王承绪，张维平，徐辉，等译. 杭州：浙江教育出版社，2001：92-93.

(J. V. Baldridge) 也指出："理解校外人士在美国高等教育中所起的作用，是理解当代美国学院和大学管理的关键。"❶

20 世纪以来，大学董事会制度得以完善和规范化。大学董事会在形式上处于权力的顶点，董事会中的校外人士代表社会公众的利益对大学的发展方针和目的进行把控是美国大学管理的特色，其在美国的私立大学通常被称为"董事会"(A Board of Trustees)，在公立学校中通常被称为"理事会"(A Board of Regents)。在有些学校中，董事会下面会设立"访问者委员会"(A Board of Visitors)，并将其作为学校的咨询和支持机构。"❷ 美国公立学校多以全州为基础，设置区域性的董事会，或成立单一校区的董事会，董事会由州政府管辖。

4.3.5　日本的大学法人

日本大学的法人地位主要是由国会通过的法律来确立。1947 年，日本学校教育法规定了大学设置的标准、目的等事项；1949 年，国立学校设置法规定了大学的法律地位和组织架构，国立大学被定位为国家机构。《大学结构改革方针》(2001) 提出改革的方案：国立大学法人化改革，引入市场机制和校外评价机制。2004 年实施了国立大学法人法，99 所国立大学由国家行政机构改组成行政法人。大学法人内由理事会（议员会）掌握决策权，理事人数 5 至 7 人不等，由校长决定选任。校长是最高权力中心，拥有重要决策、人事及行政权，而学术事项则专由教育研究评议会管理，不包括校外人士。经营协议会校外人士占二分之一以上，负责学校的经营工作，并参与校务咨询及建议。日本国立大学法人化政策的主要目的是提升大学的治理效能。

4.3.6　小结

通过对各国大学法人的比较，我们可以得出这样的结论，无论是公法人还是私法人，都应该接受同样的监督（见表 4-3）。私法人与公法人的区别在于投资主体不同，但它们都能受委托行使公权力。正是如此，我们认为董事

---

❶ J. Victor Baldrige, D. V. Curtis, G. Euchre, et al. Policy Making and Effective Leadership [M]. San Francisco: Jossey—Bass, 1978: 240.

❷ V. R. Carodozier, Peter A. M. Magssen. American Higher Education—An International Perspective [J]. Brookfield: Gower Publishing Limited, 1987: 28-30.

会制度并不需要区分公法人与私法人。我们要考虑的问题是，实施法人制度是否能更有利于实现大学治理，是否更有利于实现大学学术自由。在不同法系的国家中，法人制度能够成功实施的条件是什么？公法人与私法人不加以区分的情况下，如何实现大学的目标？实际上，大学法人化与追求卓越并无必然关系，无论是否法人化，大学本来就应该在学术研究、教学及社会服务上追求卓越。有一点是值得肯定的，即大学法人化的推行，能够为大学的发展提供财务及人事自主的有利条件。我们讨论大学法人化问题，认为其必要性在于赋予大学在法律上的实质地位，大学获得法律之“正名”后，才具有行为能力，可以主张自身的合法权益。因此，大学法人化实际上是一种大学建立自主权的手段。

国际上公法人模式的改革目的在于为人事与财务法规松绑，并降低国家干预的强度。相比而言，公立大学法人化的优点有以下几点：

（1）具有完全权利能力，并有诉讼当事人能力；

（2）就自治事项只受适法监督，有利于保障学术自由和提升学术水平；

（3）拥有财产所有权，而不再只是管理权；

（4）可以不受现有人事法规约束；

（5）可以不受既有财务、审计法规约束；

（6）对外业务活动将更自由；

（7）财务渠道更加多元。

同时，公法人制度在筹措资金以及大学经营方面存在某些缺陷，这也是20世纪国家高等教育走向新的治理模式的动因。

表4-3　法、英、德、美、日五国大学法人化模式

国家	法人化类型	规范依据	校长	治理机构	对学术自由与大学治理的影响
英国	法人	特许状、国会通过的法律	根据大学特许状，大学校长是首席学术和行政官员。校长由评议会成员代表提名，由大学董事会任命	大学董事会	有利

续表

国家	法人化类型	规范依据	校长	治理机构	对学术自由与大学治理的影响
法国	公务法人	法国高等教育法第二十六条、第二十七条	校长为代表学校法人。大学校长由该校的行政委员会、科学委员会、大学课业与生活委员会集体选举产生，大学的管理必须通过校长的决定、行政委员会的决议、科学委员会和大学课业与生活委员会的建议和意见	大学理事会	部分有利
德国	社团法人 财团法人	大学基本法 1976 年第 58 条第一项规定公立大学为公法社团，同时为国家机构 1998 年修正案规定可以采取其他形态	第 62 条规定，大学校长为学校的首脑。1998 年修正案删除。有独任校长制、合议校长制等。校长具有双重身份：管理权威和学术权威。任职 4~8 年	1998 年后修正案设立了大学咨询与监督委员会	部分有利
美国	法人	州宪法规定设立州教育董事会，如加州大学董事会是加州政府的分支机构	校长为执行部门的领导人。由委员会提出候选人，由董事会决定	大学董事会	有利
日本	行政法人	日本国立大学法人法	第 12 条规定，校长由教授选举产生。对外代表法人	理事会	有利

4.4　学术因素对大学治理的影响

我国大学分权以扩大办学者主权，落实高校法人地位为目的，其中有一项就是引入董事会制度。我国关于引入大学董事会制度的争论很激烈，反对的意见主要有：董事会名称不合乎国情、董事会的定位模糊、私立大学董事会运作的负面影响等。其中，最重要的一项是，设立大学董事会制度会侵害大学的学术自由。由此引申出的问题是，学术自由与行政职权之间的关系如何处理？董事会组成的官方主导容易造成教育部的集权，也容易造成董事会对大学的集权，大学校长由董事会选任，这样推演的逻辑将会是“教育部>董事会>校长>学术主管”这样的行政权力设计。除此之外，还需要考虑的问题是大学的学术自由与个人的学术自由如何协调？

但是我们应该看到，大学治理现代化的实质不是要不要设立大学董事会制度，而是行政权要如何设计才能不侵犯学术自由。大学与公司追求的价值不同，公司的目标是利润，大学的目标是学术自由。德沃金认为，学术自由并不是国家不得分配社会资源或作出学术行政行为，学术自由只是保障学术人员从事学术活动时享有完全的决定权和行动自由权。大学受到的影响更多地来自非经济因素，如政治压力和尊重传统的重大需要。[1] 可以说，国家干预大学的界限就在于学术自由的界限。学术自由的保障制度对于大学组织来说意味着大学拥有了组织自主权，包括组织、人事和财务等方面的自主权，因为如果没有这些权力的配合，国家可以通过立法或行政措施干预、指挥、调整学术资源的分配。

4.4.1 各国宪法、法律关于学术自由的规定

学术自由的观念源于古希腊思想家提出的自由思想、中世纪科学与理性思想的张扬以及1689年英国权利法案的诞生。五国关于学术自由的规定，多数体现在宪法条文中，只有英国体现在普通法和传统之中。2007年，一名家长状告英国政府，指出其向所有中学派发美国前副总统戈尔的《绝望真相》（*An Inconvenient Truth*）纪录片新闻稿，违反了教育法案（Education Act 1996）。法案第406条规定，禁止资助学校在教授任何科目时宣传政党政见，12岁以下学生不得参与任何政党活动；第407条规定，政府和学校须确保处理政治议题时，向学生平衡地展示不同的观点。当年此片夺得奥斯卡最佳纪录片奖，而戈尔随后亦获诺贝尔和平奖殊荣。关于该纪录片的新闻稿，相关官员表示

[1] 罗纳德·C. 埃伦伯格. 美国的大学治理［M］. 沈文钦，张婷姝，杨晓芳，译. 北京：北京大学出版社，2010：23.

影响学生意见对于公众对环境形成观点至为关键。随影片附送的指引中的首个问题提及向政治人物施压，最后一个问题是“片中有何说明”。在公民教育活动中，并无讨论不同观点，而建议的讲者名单中，也全是支持戈尔观点的人。判词中，法官指出，政党政见不限于日常所指的政党政治，法案要禁止的是宣传片面（One Sided）政见，禁止政治灌输（Indoctrination）；而平衡（Balanced）展示不同观点，并非要求老师用同等时间来阐释相反观点，而是要做到公平公正（Fair and Dispassionate）。[1]

1. 德国的学术自由

《德国教育基本法》第 5 条规定：艺术与学术、研究与教学是自由的。此规定深受德国著名教育家洪堡所提出的学术自治理念的影响。依据宪法、联邦法院判决、大学基本法与各邦大学之规定，学术自由可以分为：讲学自由、研究自由、学习自由。（1）讲学自由：凡是通过研究方法所获取的知识，可自由传授，即为讲学自由。（2）研究自由：研究活动为学术重要一环，无论是基础性或应用性研究，都受基本法第 5 条第 3 项保障。（3）学习自由：学习自由包括哪些内容法律上并无明文规定。依董保城教授看法，学习自由包括入学、选课、上课及旁听以及积极参与讨论与表达意见等方面的自由。[2] 德国大学弘扬欧洲启蒙时代学术自由的理念，开创了欧洲大学学术不受审查的自由制度。哥廷根大学 1736 年 12 月 7 日通过的章程记载着冯·明希豪森校长首创的免于教会审查的科学研究自由制度。据此，该校的教师有了全面的不受限制的公开讲学和科学研究的自由。哈勒大学（成立于 1694 年）早就享有这样的权利，但其一般只适用于教授。所有的教授都有教学自由，这是一个很大的进步，这意味着国家放弃了一种控制手段。在 1734 年，大学创办之初的四个学院中，神学院地位要高于法学、哲学、医学等其他学院，但是到了 1737 年，免于审查制度的确立表明了四个学院的地位是平等的。对哥廷根大学的教授来说，这种自由意味着责任的增加，因为他们要从科学的公共性和

[1] Con the application of Dimmock v Secretary of State for Education and Skills [2007] EWHC 2288 (Admin), judgment dated 10 October 2007.

[2] 董保城. 教育法与学术自由 [M]. 台北：月旦出版社，1997.

社会意义去表现他们的教学。哥廷根大学规定了现代大学的教学与研究的自由和相应的责任。免于审查不等于不受审查，只不过这种审查是内部的审查，是自我的审查。1837年，奥古斯特宣布废除宪法，许多曾经宣誓效忠于宪法的官员和学者拜服在新王的脚下。然而，哥廷根大学有七名教授却联名向奥古斯特提出抗议，谴责他的专横行为。奥古斯特恼羞成怒，立刻免除七人的一切职务。奥古斯特曾派人放出风声说，只要七名教授效忠于他，他可以马上恢复他们的所有职务。但是没有人为了头衔和收入而变节。“哥廷根七君子事件”反映出哥廷根的知识分子对自由的热爱与捍卫宪法的勇气。

2. 法国的学术自由

受文化和历史因素影响，18世纪之前，教会在高等教育中具有一定的影响力。1848年法国第二共和国成立，宪法第9条特别规定“教学自由”的原则。其内容包括自由办学及授予学位和自由选择学校。自由办学经历了从国家统一举办大学到公、私学校并存的阶段。拿破仑时代，教育事业完全由国家统一管理。1833年，法国开放私人自由兴办小学，1850年，开放中等教育，1875年，开放高等教育。国家垄断核发学历证书直到1970年后才改变，所有公、私立学校的证书都经由公立学校教授参与考核，此外不论公私立学校，皆具备国家认可的教授或教师资格。从学生角度看，学术自由主要表现为学生可以自由选择学校。1883年起，法国实施六至十四岁国民义务教育，家长可自由选择公、私立学校。1948年，政府同意由地方政府以间接的方式资助私校。1959年，第五共和国时代，允许私校转型为半公半私学校，或公立学校。1977年，国家再度增加对私校的资助。学术自由表现在第三方面为教学内容自由。1883年，国家规定教育自由的中立原则，教师享有完全的教学自由。1984年，高等教育法中特别规定“依大学传统基本法包容与客观的原则，教学研究人员、教师及研究人员在从事教学与研究工作时，除另有限制外，享有完全独立自主性及言论自由”。

3. 美国的学术自由

美国学术自由的观念源于18世纪的德国，“实验主义运动”兴起，更有推波助澜之效。而后杰弗逊提出的“学术完全自由论”，美国大学教授协会也加以倡导，都对其学术自由影响甚巨。学术自由观念首次出现于正式文件，是在1819年达特茅斯顿学院案例中。美国宪法修正案第1条的言论自由中规定，保障教师在教学、研究及出版时免受干扰的自由。第14条正当程序条款规定，保障私校及国家对课程的干预，提供教师在解聘、惩戒、听证之合理程序的法律依据。1942年，美国西弗吉尼亚州教育局通过一项决议，该决议规定，学生必须参加升旗礼，向美国国旗敬礼及朗诵效忠誓约（Pledge of Allegiance），不服从者会被逐出学校。美国最高法院裁定此项规定违宪，法官Robert Jackson指出，国旗是国家的象征，向国旗敬礼及宣誓是一种表达，即个人以行动及语言表达接受该国的政治理念。公民的表达自由受宪法保障，除非面临清晰及实时的危险，否则不能被禁止；同样地，他们亦不能被强迫对某事物表达认同。法官寄语国会和学校，民族团结不应靠消减反对声音来达成，强迫统一意见只会造成恶果。

4. 日本的学术自由

日本对于学术自由的保障见宪法第23条的规定："应当保障学术自由。"除此之外，并无相关的具体规定，其也引发了学者与法院间的争论。综合日本各学者的看法[1]，学术自由可归纳为下列四方面：（1）研究活动的自由。从事研究活动，研究者有选择研究对象、方法的自由；（2）研究结果发表的自由。研究者有将其研究结果对外发表的自由；（3）研究结果的教学自由。研究者有在高等研究或教育机关内讲授学术研究结果的自由；（4）学习的自由。部分学者认为学术自由应涵盖学生学习自由。

4.4.2　国家干预学术自由的限度

大学学术自由与政府权力之间的边界划定处在一种动态发展之中。两者之间的关系中既要防止"学术自由"被束缚了手脚，又要防止毫无规范制约。大学治理和大学组织自主是国家保护学术自由制度推行的必然结果。大学的组织自主权包括组织、人事、财务的自主权。实际上，从各国的大学治理制度来看，德法的大学治理制度，国家完全控制着人事与财务，而英美的大学

---

[1] 周志宏．学术自由与高等教育法制［M］．台北：高等教育文化事业公司，2002：127-145.

董事会制度，国家对人事、财务采取间接控制的方法。德国大学采用公务员模式，由国家任免。一旦国家完成任命教授资格，那该教授到任何大学都是教授，享有相应的待遇。而美国采用的是合同制，教授聘任按合同约定。不过美国教师的解聘，要合乎正当程序原则（具体对比见表4-4）。总体而言，学术自由的问题与教育目的也是相关的。《世界人权宣言》第26（2）条列明："教育的目的在于充分发展人的个性并加强对人权和基本自由的尊重。"政府所主张的国民教育的目的是"使每一个国民成为能遵守国家法律、能照顾国家利益、能担当国家命运的人"。

表4-4 法、英、德、美、日五国宪法对学术自由权利的规定

国家及宪法	宪法条款	要义
英国1988年教育改革法	无宪法规定	"学术自由"定义为在法律范围内，质疑与检验以往的见解，提出歧见而不受威胁的自由
法国宪法（1848年）	宪法第9条	特别规定"教学自由"的原则
德意志联邦宪法（1949年）	宪法第5条、第9条	第5条规定了学术或研究的自由；第7条规定整个教育体制受国家的监督
美国联邦宪法（1791年12月15日批准）	宪法修正案第1条、第14条	第1条的言论自由中，保障教师在教学、研究及出版时免受干扰的自由。第14条正当程序条款，保障私校及国家对课程的干预，提供教师在解聘、惩戒、听证之合理程序的法律依据
日本国宪法（1946年）	宪法第23条、第26条	第23条规定保障学术自由；第26条规定全体国民，按照法律规定，都有依其能力所及接受同等教育的权利❶

4.4.3 司法介入大学治理事务的限度

欧洲中世纪大学，大学董事会的权力控制在教会手中，大学拥有民事和刑事的司法权，因而不存在司法介入校园的学术争议。到了近代，权力分立，大学不再具有司法权。受内部自治传统的影响，大学内部的人事、行政、学生事务、学术问题一般不受司法干预。

❶ 姜士林. 世界宪法全书［M］. 青岛：青岛出版社，1997：385.

4.5　大学外部治理的两种类型

国家干预大学的方式主要有两种：英美的间接管理模式和德法的直接管理模式。而日本的管理模式也是这两种模式的变形，所以本书就不另作归类。而 Neave 和 Van Vaugh（1994）认为，政府干预大学治理模式有国家控制型和国家监督型这两种模式。可以说间接管理模式就是监督型的，国家把基本决策权都交给院校；而直接管理模式则是控制型的，国家把高等教育活动当作政府活动的延伸，对入学、课程、学位、考试、聘任等制度全面管控。根据这两种类型，可以归纳出大学外部治理模式表现为政府对大学的控制力由强到弱的过程：德法型（最强）→英国型（次之）→美国型（最弱）。

4.5.1　英美的间接管理模式

在19世纪以前，英国的传统观念是反对国家介入教育的。首先，他们认为教育是公民个人的权利，国家不应干涉。学校应由私人开办，由教会或是慈善团体控制。其次，英国教育受宗教影响很深。宗教领袖们认为教育与宗教不能够分离，如果国家主管教育，这将会导致教会的世俗化。再次，英国社会上存在着强大的反国教集团，他们担心国家一旦干预教育，便不会保持中立，如果政府与教会联手，就会控制所有的教育机构。[1] 因而，在英国高等教育体制下，大学享有很多的内部自主权。1988年英国教育改革法案明确规定了现有的高等教育机构是拥有自主权利的法人实体。英国大学董事会制度是由特许状决定的。从传统的津桥模式到1992年后的模式，英国大学董事会制度在原有的法人制度上不断继续完善，并根据社会经济的变化而做出调整，既理清了政府与大学之间的关系，又提高了大学运行的绩效。现在，英国教育部对大学采用的干预方式主要是师资培训、成人教育以及学生奖学金。总之，英国大学治理模式中，按章程办学是一个成功的经验，是大学成为法人的依据。

美国政府对大学采取间接管理的方式。美国的高等教育管理具有地方分

[1] 谢安邦，曲艺．外国私立教育［M］．北京：中国社会科学出版社，2003：104-105.

权制的特征，高等教育主要由各州政府而不是联邦政府来负责。联邦政府对高等院校没有直接的管辖权，对高等教育干预手段除了立法之外，就是给予高等学校科研资助和给予学生某种事项“基本资助”，州政府才是高等教育的主要管理者和公立高等学校的创办者。州政府通过立法、拨款和选派政府代表进入董事会等方式管理大学。美国大学的管理形态从哈佛学院创立以来，管理权就落在外部董事会手中。董事会是大学与社会的中介，其一方面注重社会的需求，另一方面保护大学的自主权。美国早期，学校规模小，董事都是牧师，管理者也许就是一位校长和几名教师，因此，董事会可以履行他们依法所拥有的全部权力。但是，当大学变得日趋复杂之后，董事会就将一些实际的权力授予校长。一般地，私立大学多与宗教组织有关，其董事会的成员也多为牧师；公立大学的董事会则由地方各界知名人士组成。在州立大学中，由于董事的名额较少，通常不下设委员会，董事会的全部权限授予校长和管理人员，他们根据董事会的决议或者董事会所委任的权限来管理大学。从这种意义上讲，大学董事会发挥立法的监督机构的职能，而管理上的实际权力是在校长及管理部门。在美国，有的州立大学是一校一个董事会；有的州立大学是两校以上一个董事会；还有相当数量的州，统一成立一个董事会管理州内所有的大学。大学董事会一般由 10 名左右董事组成。一部分州立大学的董事会成员是根据职务确定的，通常包括州长、州教育长、大学校长、大学事务局长；其他的董事多数是校外人士。请校外人士担任董事，大多数州都是由州长决定的，只有几个州规定由公众选举产生。这些校外人士担任的董事，或者与州长的政治观点相同，或者有较强的经济实力，或者精通教育管理，或者是某些团体的代表。在美国的大多数州中，州立大学和学院的董事会成员通常由州长提名，并需经州参议院批准。在有些州中，行政机构的代表可以同时是几个董事会的成员，例如，在亚拉巴马州，州长是该州所有赠地大学董事会的主席。因此，如何通过选举产生董事会成员一直是争论的焦点。一般来讲，“州长们尽可能任命合格的人员进入董事会，保证州立大学和学院的管理，也是为了避免因为董事会成员的糟糕表现而使大学陷入尴尬境地"❶。

美国公立大学的法律基础，在各州并不相同。有的是州的宪法规定，如加州大学、密歇根大学；有的由州的法律规定，如印第安纳大学。

而实际上，美国大学所谓的学术自由也是有限度的。美国大学的学者同样要遭遇"政治正确"的价值解难。2017 年，美国华盛顿长青州立大学的一名教授因不愿在"缺席日"离开校园，被几百名学生围堵斥责种族主义，并被要求道歉、辞职。2017 年 3 月，美国知名社会学者查尔斯·默里在佛蒙特州米德尔伯里学院演讲，引发了一场示威抗议，最终一名教授受伤，数十名学生受到纪律处分。默里曾与一名哈佛教授合著出版《钟形曲线》一书，虽畅销一时，但也引起很大争议。该书主要观点是：比起父母的经济、社会地位与个人受教育程度，智商更能决定一个人的收入水准、工作表现、犯罪概率等。最富争议的是其中两章讨论"不同人种体现的智商差别"，结论是"我们认为有很大可能性，基因与环境因素与种族差异有关联"。有些教授会因为"政治正确"问题而被停职、辞退或受到其他形式的处罚。

总之，英美间接管理模式，特别重视章程的作用。其通过章程规定了学校立法、发展规划、资产管理与校长遴选等内容，最终的目的是提高大学决策与行政效率。

4.5.2　德法的治理模式

在德法模式下，国家机关（教育部）直接管理大学，对大学作出行政行为。国家宪法承认大学的自治权和学术自由权，如果国家行政干预侵害了这种权利，大学可以向法院提起司法救济。

在处理大学与政府之间的关系上，德国首次探索了教授治校的治理模式，实行国家管理大学和大学自我管理的双重管理体制。从法律地位上看，德国大学是一个公法人，同时具有公共机构和教学机构的双重身份。作为公共机构，它由政府依据公法而举办，但却不具有公法意义上的独立权利能力，也不是严格意义上的公法人。例如，柏林洪堡大学章程（2006）中就规定，人

---

❶ V. R. Carodozier, Peter A. M. Magssen. American Higher Education—An International Perspective [J]. UK: GowerPublishingLimited, 1987: 31-32.

事管理、经济管理、财政与金融管理，收取费用和医疗保障都属于国家行政事务。联邦州还拥有法律监督的权力。最后，德国高等教育行政管理实行地方分权制，让州政府和大学拥有更多的管理权，这种制度有利于各州根据现实的条件发展高等教育，提高教育的适应性和教育资源的利用效率。从最近的改革取向上看，德国政府对学术事务减少了控制，联邦政府也开始对大学教育进行有效的干预。联邦政府从政治的考虑出发，在2005年启动了卓越战略，使德国大学成为培养科研后备人才的世界一流大学。

法国的高等教育行政体制采取的是中央集权制。法国中央教育部是法国学术组织中的最高级别，拥有很大的权力（包括管理结构、学位要求、任命教师、经费预算与拨款、学位授予等）。教育部掌握着法国高等教育的经济命脉，能够进行人事安排。但是这不表示政府官员在高等教育中能为所欲为，因为教育部必须顺应专家的意见，让人民相信政府尊重专业，因此教育部设有两个主要的咨询机构，即高等教育理事会和大学咨询委员会，前者是向高等教育司对教学方面的政策提出建议，后者可决定教学人员的任用和晋升。全国高等教育理事会，由教育行政部门、教师、校外有关人士及社会贤达组成，它有权对教育立法和其他涉及国民教育的重大问题发表意见，有权对大学理事会、学区审议会等社会教育机构的违法行为提出诉讼，并对此类案件行使预审和终审权。这个机构后来又被高等教育和科研委员会取代。[1] 在大学与教育部之间，还有一个管理机构叫大学区（Académies）。大学区的学术委员会负责管理指定地区的大学教育的各个方面。大学对所属的大学区负责，而大学区对教育部负责。大学区不管理私立大学。法国领土被分为35个大学区，其中26个位于法国本土，9个位于法属海外领地。一个大学区通常跨越几个省。大学区也覆盖位于海外的法国学校，例如，位于伦敦的Lycée Français Charles de Gaulle，就属于里尔大学区管辖。大学区总部（Rectorat）通常位于有关地区的最大城市，其长官称为“Recteur”。大学区的主要职责是管理高校的人事和国家财政预算，充当高校与巴黎中央集权管理机构之间的纽带，确保教育部制定的官方教育程序得以执行。

---

[1] 约翰·范德格拉夫. 学术权力：七国高等教育管理体制比较［M］. 王承绪，张维平，徐辉，等译. 杭州：浙江教育出版社，2001：64-66.

1968 年，《高等教育基本法》颁布实施后，法国的高等教育开始走向分权。1968 以后，法国大学也采取了公务法人形式。公务法人的特点是其管理机构具有一定的独立性，能避免一般行政上的官僚习气、僵化手续和保持一定程度的精神自由。[1]

通过中介组织，一方面可以推动高等学校教育质量的提高，维护高等学校自主的权力；另一方面可以部分消除政府单方行为的主观性，分担政府对大学施加的压力，减少政府与大学之间的摩擦。综合观察，法国“大学治理”通过理事会和中介机构，已经有了一定的进步，实现了他们提出的大学治理的三大原则：自治、参与与多元化。

4.5.3　两种治理模式的启示

大学的直接管理与间接管理发展变化反映了政治现代化的过程，大学内部的行政模式要受到政治现代化的影响。亨廷顿在其《变化社会中的政治秩序》[2] 一书中指出的，政治现代化有三个显著的标志：（1）政治权威的合理化和世俗化，即以单一的、世俗的、全国的政治权威取代传统的、宗教的、家庭的、种族的等各种政治权威。政府是人的产物，而不是自然或上帝的产物，对法律的服从优先于履行其他任何责任，国家权力集中在公认的立法机关手中。（2）政治结构分化。法律、军事、行政、科学等职能从政治领域分离出来，由自主的、专业化的机构来行使，官位和权力的分配以功绩为依据。（3）广泛的政治参与。法律和制度安排，赋予了公众更多参与政治事务的机会和权利。以这三个标准来分析大学与政府的关系，我们可以得出这样的结论：大学治理也要走向法治化、专业化，具有参与性。

4.6　大学治理制度的民主参与性

当前，公共治理模式正在逐步取代国家管理模式成为公域之治的主导模

[1] 王名扬. 法国行政法［M］. 北京：北京大学出版社，2007：103.

[2] 亨廷顿. 变化社会中的政治秩序［M］. 王冠华，刘为，译. 北京：生活·读书·新知三联书店，1989.

式。从法学的角度看，公域之治的核心在于权力/权利配置。❶ 在公共之治的理念上，治理模式强调形成一种体现民主参与的治理理念，强调对公共关系的规范和管理应当基于普遍的公众参与。❷ 大学治理制度，作为一种公共治理的模式，必然要体现回应性、公共性、平等性等特征，从而实现程序正义与实体正义、治理过程和治理绩效的统一、形式理性和实质理性的统一的制度模式。

4.6.1 民主参与型规范中的人是有限理性的人

在社会变革中，大学治理制度的规范已经从原来的全能型范式转变为民主参与型范式。全能型范式把理性人假设为完全理性，而民主参与型规范的人的假设是有限理性。分析西方管理的 X、Y、Z 理论的发展情况，我们就可以清楚地认识到这一点。泰勒等提出的“X 理论”以经济人人性假设为理论依据，麦格雷戈等提出的“Y 理论”以社会人为人性假设，日裔美籍学者威廉·大内等提出的“Z 理论”的文化人的人性假设。这些理论的假设的共同特点是人的理性是全能的。阿罗、西蒙等认为，人的“完全理性说”的假设要求很严格，适用范围很狭窄，不具有广泛的适应性。于是他们提出的“有限理性”论认为，人是介于理性与非理性之间的。大学治理规范，同样也要顺应管理科学发展的要求，转变人的全能理性的假设，满足人的多层次发展的需要。

4.6.2 民主参与型规范是一种平等的规范体系

大学追求的是公共性价值，因而其治理方式必然采用的是民主化的规范。民主参与型的规范体系不是奥斯丁命令论，也不是哈特的规则论，民主参与论的规范要满足公共治理的现实需要，告别权力的单中心与单一行使方式，在国家与社会共同体之间合理分配公共权力，以强制性与非强制性等多种方式行使公共权力，以弥补哈特第一规则的缺陷，实现公民权利与义务的统

---

❶ 罗豪才，宋功德．软法亦法［M］．北京：法制出版社，2009：5.

❷ 罗豪才，宋功德．软法亦法［M］．北京：法制出版社，2009：37.

一。[1] 民主参与型规范的平等是主体之间的平等。大学治理制度的建构过程，不再是简单的国家立法，也不是学校管理的简单命令，而是全体参与建构的平等的规范体系，是保护大学成员的平等性原则。

4.6.3　民主参与型规范维护一种公共意志的表达

民主参与型规范的公共性体现在各个差异性表达中。公共性绝不是全能理性的构建，绝不是一元思想一统天下的霸权逻辑，民主参与型规范坚持的是对差异的尊重和保持，唯有如此，才有公共性，唯有如此，才有民主性。正像德里达所说的，正义是一种呼喊、一种要求。[2] 在一定的社会背景下，如果呼声一直得不到满足的话，解构就会从中发现它的力量和动力。在 20 世纪 60 年代，西方大学里普遍发生了学生运动，其提出的口号是参与治理。同样，随着大学的扩展和规模的壮大，越来越多的外部人士要求参与学校的治理。因此，大学治理制度要制定出一种这样的规则，能容纳学生、外部人士在制度中发出自己的声音。

4.6.4　民主参与型规范是实现公共理性的法律机制

罗尔斯认为，公共理性在三个方面是公共的：作为自身的理性，它是公共的理性；它的目标是公共的善和根本性的正义；它的本性和内容是公共的。[3] 实现公共的善要求社会流动的管道是畅通的，是具有相应的法律机制保护的。大学治理制度的实行也是为了实现公共的善，是为了实现根本性的正义。在政治权力、市场权力和学术权力共同作用下的大学治理制度，依旧要完成大学自身的使命。在现代社会，大学象牙塔的形象已经饱受批评。大学之门为社会开放，大学为社会提供所需要的知识。大学使命从人才培养、科学研究到服务社会，反映了在多种力量参与下所实现的公共理性。

回顾全球关于大学治理话题的争论，特别是关于大学的自治权的，一种说法是指大多日常的教学和研究的运作完全自理，有完全的自主权，不受外

---

[1] 罗豪才，宋功德．软法亦法［M］．北京：法制出版社，2009：116.

[2] J. Derrida. Force of law: The "Mystical Foundation of Authority" ［M］//Cornell, Rosenfeld and Carlson, eds, Deconstruction and the possibility of Justice. New York: Routledge.

[3] 罗尔斯．政治自由主义［M］．南京：译林出版社，2000：70，226.

力的干涉。2005年，欧洲大学协会（EUA）在格拉斯哥宣言中强调大学自主的重要性，欧洲各大学校长呼吁各自的国家应该立即采取果断措施，从根本上增加大学在法律、行政和财务上的自主权。这不仅是为了应对美国大学的竞争，也是为了和亚洲的新兴大学竞争。现代大学有各种各样的使命和任务，不仅在广泛的范围内提供合格的教学和学习环境、研究各种领域和科目、和大学以外的不同社会组织合作，也必须应对来自各方面的需求和压力。

4.7 大学治理制度的法律移植与制度变迁

4.7.1 大学治理制度变迁的理论模式

美国大学的成功发展，引起世界各国的关注。许多国家在思考如何借鉴美国的大学董事会制度模式，但是大学董事会制度的引入毕竟要结合本国的政治、经济发展状况以及其他主客观条件。大学董事会制度从产生到发展，经历了大学发展模式的变化。在不同的发展阶段，各国借鉴大学董事会制度的发展模式的道路并不一致。一国引入他国大学董事会制度，必然要考虑制度引入后产生的各种影响。Birnbaum，R.(1991）用控制论[1]、Chermak，G. L D.(1990）用文化动力学、Peterson，M. W.(1999）和 Smith，D. T.(1999）用生物进化论分析大学董事会制度变迁的规律。Gumport，P. J. 和 Pusser，B.(1999）探讨了大学结构重组的社会政治经济背景。[2] 克撒提出一个政治、社会认知、文化的复合模型以揭示大学变迁的原则。[3] 大学治理制度的变迁揭示了大学内外部权力关系的冲突与演进规律。

新制度经济学认为，制度变迁可以分为诱致性制度变迁和强制性制度变迁。强制性制度变迁是通过政府的命令和法律强制性推行来实现的，具有自

[1] Birnbaum，R. How Colleges Work：The Cybemetics of Academic Organization and Leadership［M］. San Francisco：Jossey—Bass，1991：55.

[2] Gumport P. J.，B. Pusser. University Restructuring：The Role of Economic and Political Contexts［M］. New York：Agathon，1999：101-128.

[3] Adrianna. J. Kezar. Understanding and Facilitating Organizational Change in the 21st Century：Recent Research and Conceptualizations［M］. San Francisco：Jossey-Bass，2004：91-112.

上而下的“官方”特点。诱致性制度变迁是由个人或群体在响应获益机会时，自发地对现成制度安排进行变更或替代的行动。制度变通是执行制度者在未得到正式准许之前，自行改变原有制度中的某些部分，在形式上仍与原制度保持一致。

4.7.2　大学治理制度变迁与大学理念

引起组织治理模式发生变化的第一步，就是大学理念的变化。关于大学理念的文献很多，综合论者所述，大学的理念发展经历了三个阶段。第一阶段的大学理念认为大学的任务就是培养人、塑造人，因而大学就是一个教学机构。论者代表是十九世纪的牛津学者纽曼，他认为大学是一个提供博雅教育、培养绅士的地方。[1] 第二阶段的大学理念认为大学是一个科学研究机构，比教学更重要的是研究。论者代表是德国的教育家洪堡，他认为大学的理念就是研究中心，教师的首要任务在于自由地从事创造性的学问。正是这个原因，大学的任务性质决定了大学不能全部交给国家，也不适合全部交给私人。第三个阶段的大学理念是服务社会。美国学者克尔认为，大学要参与到社会中来，学术与市场结合，大学成为社会的服务站。从三个发展阶段看，大学治理模式是随着大学理念的变化而改变的。

回顾全球关于大学治理话题的论争，特别是大学的自治权，一种说法是指大学对日常的教学和研究的运作完全自理，有完全的主权，不受外力的干涉。2005 年，EUA 在格拉斯哥宣言中强调大学自主的重要性，欧洲各大学校长呼吁各自的国家应该立即采取果断措施，从根本上增加大学在法律、行政和财务上的自主权。这不仅是为了应对美国大学的竞争，也是为了和亚洲的新兴大学的竞争。现代大学有各种各样的使命和任务，不仅在广泛的范围内提供合格的教学和学习、研究各种领域和科目、和大学以外的不同社会组织合作，也必须应对来自各方面的需求和压力。

---

[1] John Henry Newman. The Idea of a Uninversity (1852).

第5章

现代大学的内部治理体系

大学治理制度的内部治理体系主要是协调好管理权力和专业权力的关系，这两种权力又表现在大学治理中的决策权、监督权。具体而言，又包括四个方面内容：学术、组织、财务和人员自治。本章讨论的问题首先是大学内部学术自治问题，学术自治是指大学独立管理其内部学术事务的能力，包括决定学生入学、研究教学内容、毕业质量保证和新学位课程引入，等等；其次，大学治理内部结构的配置权、控制权和协调权，组织自治是大学自由决定其内部组织事项的能力，包括行政领导、决策机制和内部学术行政架构；财务自主权是大学自由决定其内部财务事务的能力，即独立管理其资金和设定其战略目标的能力；而人员自治则指大学能够自由决定与人力资源管理相关的问题，包括用人、薪水、考核等。最后，比较不同国家大学治理制度的组织架构，从中分析大学治理的权力配置关系，并据此得出不同的权力控制关系和权力协调关系。

5.1 现代大学的内部治理体系的影响因素

现代大学的内部治理模式的变革，更多地参照企业经营模式，以提升大学运营效率。

从内部的治理体系看，西方国家主要是通过设立大学董事会，来取代教育部门的监督，负责大学的经营管理。同时，应该看到，大学董事会的健全与否将严重影响大学的运作与发展。本章主要以大学董事会为例，来具体解剖内部治理体系。董事会的组成必须考量如下几项因素：董事会的组成、董事会的人数、董事会的成员、董事会的权责等。

5.1.1　董事会的组成

对于董事选任的现状，普遍存在看重董事名人效应，董事选任的结构单一，董事的选任行政化的问题。董事会的组成应建立客观公正的机制，增强大学董事会独立性与公正性，避免影响学术发展的不良因素的介入，提高办学规范性、效能性、公益性、公信力。

1. 维持董事会的结构合理性

董事会的结构包括知识结构、年龄结构、学术人员结构、捐资者结构、职能结构，等等。一个结构合理、平衡的董事会能够高效地制定出大学关键战略的决策，进而有益于大学长期和短期的绩效。董事会应该明确作为一个团队，所需要的技能和阅历，及时补充现有人力资源，并为满足未来的需要进行人才培养和储备。

2. 保持董事会的利益代表性

董事选拔的主要目的是提名那些具有各种专业知识、技能和专长的个人，从而有助于大学的正确决策和成功经营。因此，董事会应该扩大人才库，更加广泛地囊括符合大学未来战略要求的候选人，使董事会获得最有价值的人才。调动董事会中社会知名人士参与的积极性和主观能动性、创造性，加强大学与社会的联系。董事会成员要反映举办者、办学者、教师、家长、学生、所在社区以及社会公共利益代表的诉求，满足利益相关者共同治理的需要。当董事会组成人员的来源能代表不同利益主体的利益和诉求，那么董事会在运作中就会将成功的理念相互融合。

3. 促进董事会的战略前瞻性

随着社会发展、大学功能的变化，大学董事会角色综合性也日趋复杂。在某种意义上，公立大学的董事应是教育家、社会活动家、企业家等的综合体，公立大学的董事还应该认同办学理念，有团队精神和战略眼光。在大学成长和变革的不同阶段和不同时期，要求董事们具有不同的素质和能力。董事会应不断地考虑大学的实际状况和战略需要，决定何种董事素质与能力最有利于推进董事会绩效的改进，有利于大学现在和未来的成功，有利于大学在不同阶段拥有最合适和最有效的人力资源。

5.1.2 董事会的人数

人数的多寡对于董事会运作的效率有决定性影响，董事会人数如何确定，应考虑多层影响因素权衡利弊再作决定。第一，精简人数成为趋势。从目前国外大学董事会运作的实际情形得知，精简董事会代表人数已成为未来发展趋势，值得我们借鉴。第二，人数多寡应该不设上下限。以《公司法》为参照，我国公司法强制设置各类公司的董事会人数的上下限。对于大学董事会的人员配置，法律是否要做出相应的上下限规定，这也是值得商榷的一个问题。大学规模和业务大小不一，对于董事会大小的需求也就不同。但是，总的方向应该是以专业董事来提高经营、监管能力。第三，人数多少应该由大学自己决定。国家对大学治理领域的干预是必然的，但是国家干预的边界必须明确。因为不当的干预是一种无效率的制度安排，增加了大学治理运行成本。理想的安排是不需要明确董事会人数的上下限，只要能确保董事会的集体决策机制，能保证大学治理效率即可。

5.1.3 董事会的成员

董事会的成员是董事会运作成败的关键，成员除了考虑代表性、功能性之外，能否抛开本位，公正、超然行事才是最根本的问题。明确大学董事会成员行使职权和履行职责所要求的品德性、专业性、经验性，对大学董事一般性资格条件以及明确独立性要求，并按照大学董事的独立性要求设计相应的提名、选任要求与程序、独立性审查、任期任届规定以及退出情形及其程序规定。张斌贤等人的研究认为，以工商企业董事和律师、非学术界人士等“门外汉”为主导的董事会，协助大学架起与社会各界沟通的桥梁，广辟财源，丰裕办学经费❶。

第一，品德性是首位要求。品德是评价任何董事会成员候选人的首要因

---

❶ 张斌贤，张弛. 美国大学与学院董事会成员的职业构成——10所著名大学的“案例”[J]. 比较教育研究，2002（12）：23-27.

素。董事会应寻求那些在个人和职业行为中显示出高尚道德和正直品质、愿意按董事会的决定行动并且对此负责的候选人。

第二，经验性是必然选择。董事应能够了解大学发展趋势和产学结合模式，应了解该产业的管理潮流和相关产业的管理潮流，应有国际化经营的视野和经验，董事应该具有对各方面问题进行深思熟虑判断的能力，并能够将之运用于决策制定。董事候选人应具有良好的商业经营和决策的记录。

第三，专业性是特有品质。董事会成员要掌握财务知识和专业知识、法律知识。董事会的一项重要任务就是监控公司的财务业绩，所以董事应知道如何阅读资产负债表、损益表和现金流量表，应该了解用来评估大学业绩的各项财务指标和分析方法。董事应对各自相关领域的专业知识具有较深的理解，并能熟练地运用。董事还应具有一定的法律意识和掌握一定的法律知识。

第四，协作性是沟通要求。董事应该重视董事会和团队的业绩胜于重视个人业绩，应有良好的沟通能力和说服力，善于倾听他人的意见。在合作的同时能够保持个人的独立思考和判断，愿意以公开讨论的方式提出一些尖锐的问题。

第五，领导性是成功关键。董事会成员要有较高的领导能力，有成功领导高绩效团队的历史记录。董事会要具备战略思维和危机处理能力。

第六，康健性是治理保障。董事应该保持良好的健康状况和有充足的参与时间。

5.1.4　董事会的权责

董事会的权责应有较明确的规范，并在董事会中建立共识，以避免掣肘校务运作，甚至妨碍学术发展。

大学董事会权责的法定性。大学董事会的权利、义务与责任等相关规定，是大学董事会制度的核心内容。大学董事会的权责配置，核心要义在于通过明确权利与义务的制度安排和否定性的法律评价，从而促使董事恪尽职守。在权利方面，大学董事会享有法律和大学章程赋予董事的一般职权。

大学董事会的一般义务和特别义务。在职责方面，大学董事会依照法律和大学章程，诚信、勤勉、独立履行职责，除了负有董事的一般义务与责任之外，还有保证独立董事身份和履职的独立性的义务与责任，不受学校捐赠人和举办者或出资人、实际控制人或者其他与学校存在利害关系的组织或个人的影响。

美国私立大学董事会主要有10项职责：（1）确定学校的性质、目标和任务；（2）任命校长，协助校长开展工作并对校长的工作进行评价；（3）制定学校的长期发展计划；（4）保障足够的资源；（5）保障学校管理的有效性；（6）审批教育计划；（7）沟通学校与社会的关系；（8）保障学校的自治；（9）裁决校内申诉；（10）评价董事会的工作。[1]

大学董事会的运行方式。大学董事会运行通常以会议制的形式出现，依法定程序召集并议事。在董事会的运行中，必须设计和规范董事职权行使与职责履行的相关内容与程序规定。例如董事会的提案评估机制、决策机制、决议执行机制、决议实施机制、董事选聘机制等。

5.1.5 校长与董事会的关系

校长是否为董事会的成员？校长与董事会的关系如何？也需要妥善设计并予以厘清。一般而言，校长执行董事会做出的有关大学内部日常事务的决定，协调沟通学术系统与行政系统，校长也是评议会成员。研究表明，国外多数大学章程规定了大学校长是大学的CEO、沟通者、筹款者、代言人和发言人。[2] 总而言之，大学校长是连接董事会与内部人员的关键节点，不仅是一位教育家、政治家、学者，还需要承担CEO角色。

5.2 大学治理制度的学术参与职能

5.2.1 大学治理制度的学术参与

1. 支持董事会介入学术事务的两种理论

比尔兹利·鲁姆尔（Beardsley Ruml）认为，课程与教学是所有董事介入

---

[1] 刘宝存. 美国私立高等学校的董事会制度评析［J］. 比较教育研究，2000（5）：43-47.

[2] 毛建青，邢丽娜. 美国大学校长的角色定位［J］. 高教发展与评估，2018，34（3）：74-83，116.

最困难的领域。因为董事希望保持他们不感兴趣的学术自由，也不希望知道教师与学生在课堂上发生的事。这样你就会发现一个很有意思的事情，要负责任的董事却不能履行监管职责。学者的论争主要围绕以下问题展开：(1) 支持或反对董事介入学术事务的准法律规定。(2) 董事们对于涉及学术事务做出的决定的一些问题。(3) 董事是否要介入学术事务的问题。

在工业革命前很长一段时间里，外行管理委员会介入管理一直是高校管理的特色。他们保护各方成员的利益，反对知识精英的范围只局限于教职员工和行政人员的利益。工业革命以后，民主与精英之间的冲突在中学后教育并没有得到有效解决。对于董事会组织结构到底应该是什么样的，学界论争存在着两派观点：一种观点称为民主论，他们认为领导或教育领导应该对公共利益做出回应；另一种观点称为精英论，他们主张减少领导的民主成分，提高领导的精英比例。

民主论的学者提出：科技和管理极大地扩展了精英的影响力，也激发了大众参与管理的回应。这种回应表现在要求决策分权和广泛的参与——政党、社区、工作、学习和信仰等方面。达尔认为，民主作为一种抽象的理念从来都没有实现过。于是，他将民主修正为代表一定程度民主的多头政治（相对于民主化的政体），这种政体实质上是大众化和自由化的。这种民主观承认了民主社会精英的地位，精英的需要能被大众理解。领导人或掌握技术知识的精英对大众负有特殊的信托责任。[1]

同样，学者们也运用民主精英观来分析大学董事会。马丁·特罗（Martin Trow）认为，关于最终权力和有效的决定，精英体制由相对小的精英群体主导，如政治精英、经济精英或学术精英，他们彼此之间比较了解，具有相似的价值观念，容易达成一致的意见并作出相应的决策。随着高等教育大众化的发展，精英的影响力逐步在下降，大众在民主参与的过程中也逐渐发挥其作用。在中学后教育的机构中，精英来自三个领域：保护学术自由原则和学术教师的知识型权力而产生的精英；掌握教育机构重要信息的行政领域产生的行政精英；管理委员会中的非民主趋势产生的管理精英。因而，董事会是

[1] Bachrach P. The Theory of Democratic Elitism: A Critique [M]. Washington: University Press of America, 1980: 8.

否介入学术事务，取决于董事的来源。如果董事会的成员本身就是来自学术精英，董事会介入学术事务似乎无可厚非。问题在于，外行董事是否可以介入学术事务。

2. 支持董事参与学术事务的正式规定

对于董事参与学术事务是否具有法律依据，学者们主要从大学章程里获取了有价值的解释，他们认为大学董事会决策权来源于法定的权力。一般而言，法规或章程（statutes or by-laws）的规定是抽象的，有时也是具体的，不管怎么样，董事会在大学事务中具有最高的决定权。

梅森（Mason）认为，董事会具有最高的决策权，董事会的权力通过校长来实施，校长和教师的权力来自董事会的授权，要和董事会的决定一致。这就是说，教职员工的学术事务要符合董事会的决定。一些具有法定权力的支持者认为不能运用全能的董事会权力概念，他们呼吁一种更为具体的委员会对学术决定负责。因此赫尔（Hull）和海布朗（Heilbron）支持董事会要对教育产品的供给负责，要确保教职员工具有相应的资格，从而实现教育的目标。[1] 贝尔（Bell）认为董事会有权决定大学的定位和规模（如文科、专业人员等），创设新的系部课程和学院。[2] 还有些人认为董事会还要负责一些烦琐事务，如制定学生入学、课程和毕业要求，教师选任政策以及管理教师终身任职、休假和薪酬等的政策。[3] 至于什么情形下什么事务需要由这么一个特殊委员会来决定，这属于管理的划界问题。

赞成强化董事会学术事务决定权的学者认为，学术事务的决定权尽量不要授予教师。认为董事会能高屋建瓴，超越大学的需要，更加接近公众对大学和课程的期待，是由能力迥异的个体所组成的。这种观点符合民主的概念，也就是说，不管是公立大学还是私立大学，董事会都能意识到大学是服务公

---

[1] Hull F W. The Public University Trustee [M] //W. F. Hull, A. H. Shapiro (Eds.), The University Trustee in Law Andpractice. Toledo, Ohio: Center for the Study of Higher Education, University of Toledo, June 1973: 33; Heilbron, L. H. The College and University Trustee [M]. San Francisco: Jossey-Bass, 1973: 40.

[2] Bell L. From the Trustees' Corner [J]. AA UP Bulletin, 1956 (10): 20-21.

[3] Alden V R, et al. A Call to Trustees [J]. AGB Report, 1978, 20 (2): 3-9; Bowen H K, Douglas G K. Efficiency in Liberal Education [M]. New York: McGraw-Hill, 1976: 99-100.

共利益的。

赞成弱化董事会学术事务决定权的学者认为，应该将权力转移给掌握知识权力的人，也就是教师。这些支持者多为教师代表或学术界人士。例如，美国大学教授联合会就认为，教师在相关的学术事务中具有如下权力：(1) 制定教育政策，具体包括教学、研究方法、入学标准和学位授予等内容；(2) 聘任教师的权利，关于教师的聘任、续聘、提升和任期的权利；(3) 聘任行政管理人员的权利，按自己的标准选任与解聘行政管理人员；(4) 决定大学的预算；(5) 设立大学内部机构的权利，建立按教师法规定的聘任制度的教师参与机构。[1]

还有学者认为精英的权力不止上述内容，除此之外，教师的专业和技术知识是与权力和权威联系在一起的，知识产生权力和权威。专业，就其本性而言，是具有非专业人士难以理解的内容，因而在某些领域，教师与大众的距离显得越来越远。就上述命题而言，爱波斯坦 (Epstein) 和梅森 (Mason) 认为，董事会必须把学术事务授权给教师来决定。马扎罗拉 (Martorana) 认为董事会的功能不过是为促进大学目标实现和教师发展提供一般性指导。科森 (Corson) 将董事会归类为主要从事形式上的活动，如任命、加薪以及赋予教师和管理人员已经制定好的政策合法化等功能。海尔布朗 (Heilbron) 本身是位董事，也不得不说董事一般全靠专业和事件来做出合理的学术决定，对学术事务的决定负责，他们最多做一些政策框架，主要负责的还是教师。[2]

在我们看来，学术权力支持者与行政权力的支持者所犯的错误是一样的。后者限制教师参与（合乎民主与问责制），前者限制董事参与（合乎专业的精英制）。我们认为知识型的权力还是具有一定意义的，正如爱波斯坦和梅森提出的董事不是专家，遇到学术问题时，应该授权给教师。当然也有许多董事是专家，或被训练成社会学者或专家。在大量非学术专家的董事中，任命一些专家型的董事是合理的，他们能对学术问题发表自己的意见。我们认为，除了授权，董事必须保留咨询、监督和否决权。这是教师精英在课程上不受

---

[1] American Association of University Professors (AAUP). Faculty Participation in College and University Government [J]. AA UP Bulletin, 1962: 321-323.

[2] Heilbron L H. The College and University Trustee [M]. San Francisco: Jossey-Bass, 1973.

限制的自治权。

我们的立场是在董事会制定政策的框架下实现教师与董事的共治。就其核心而言，共治权背后的概念是大学各相关利益体共同协作做出决定。就学术事务而言，共治权模式要求董事教师协同参与大学决策过程。在多数的高等教育机构中，决策过程利用了委员会和小组委员会。因而，共治权是与决策实践相关的。从本质上看，共治权概念强调知识型权力和法定授权两者之间的矛盾。共治权很典型地采取了教育事务委员会的形式，成员涵盖董事和高级教师或学术领导，由他们来解读学术问题，或者做出一些决定，向董事会汇报委员会的意见或建议。[1]董事教师联合委员会将教师的利益诉求告诉董事，或将董事的意见告知教师。共治权模式的支持者倾向于支持招聘教师研究人员和图书管理员到董事会中。[2] 必须强调的是，教师董事共同参与学术决策模式并不见得就是民主参与的形式。因为至少存在着这样一种情形：教师董事委员会变得越来越官僚化和程式化，以至于他们不再成为组织的公正代表。在共治权模式下，教师董事联合委员会能够确保大学的公共责任，董事和教师都要对问责制确立的原则负责。问责制是专业的话语，也是法律的话语。从专业的角度看，公众希望教师能运用他们的专业能力发展一些教育课程来满足学生的求知欲，教师对课程成功与否承担相应的责任，教师的能力评价一般通过同行来评议。从法律角度看，董事也对组织有法定的义务，他们要对大学运营状况负责，诸如财务管理和学术治理。

在过去的几十年里，有关董事、教师关于学术事务的责任的文章迅速增多。部分文献表达了学生代表的是消费者的利益而不是学习者的利益。近年来，关于学生入学、课程介绍与课程结果、教师选聘提升和任期、教学方法等方面的诉讼，提醒了董事专业知识领域的法律责任。这就引起人们关注所谓的教师学术事务的代理权问题，而传统观点一般认为，董事会制定教育基本政策，教师执行这一政策。来自学术事务的某个特殊责任都要求明确董事

[1] Burns G P. Trustees in Higher Education [M]. Washington: Independent College Funds of America, 1966: 90; Rauh M S. The Trusteeship of Colleges and Universities [M]. New York: McGraw-Hill, 1969: 25-30.

[2] Martin H C. Trustees and Academic Policy [J]. Management Forum, 1974, 3 (05): 2; Mason H L. College and University Government [D]. New Orleans: Tulane University, 1972: 47.

会在这方面的责任。

5.2.2　大学董事会制度的职能

大学治理内部结构的配置权、控制权、协调权以及组织自治是大学自由决定其内部组织事项的能力，包括行政领导、决策机制和内部学术行政架构；财务自主权是大学自由决定其内部财务事务的能力，即独立管理其资金和设定其战略目标的能力，而人员自治则指大学能够自由决定与人力资源管理相关的问题，包括用人、薪水、考核等。大学董事会能够履行的职责有哪些？多数研究认为，董事会制度的功能取决于董事的来源，包括董事的职业、性别等。例如，Nearing（1917）的报告指出职业和性别问题，他发现女性代表不足，商界代表过多。在 Nearing 发表研究报告的时候，索尔斯坦·凡勃仑（Thorstein Veblen，1918）也在准备他的著作 *The Higher Learning in America*：*A Memorandum on the Conduct of Universities by Business Men*。Veblen 认为商人董事不具有管理学术事务的知识、社会经验。“实际上，如果没有对其非商人董事的极大偏见，董事与物质没有什么联系；他们唯一的作用是干预学术事务管理，这些事不具有商业属性，完全超越了他们的能力和兴趣习惯”[1] McGrath（1936）和 Beck（1947）的研究证实：在美国公私学校的董事会中商人霸权不断增长。Hartnett（1969）被引用率颇高的作品也揭示了这些早期董事会的特征。早期关于董事背景的多数研究认为，董事会的社会构成与决策方式相关，这表明董事的社会经济背景和他们的决策偏好存在着相关性。Russell 发现董事的教育层次会影响董事做出决策。

通过对五国的董（理）事会职权规定的对比，发现董（理）事会职权有国别差异。有些国家的董事会不介入学术事务，有些国家的董（理）事对学术事务有决定权（见表 5-1）。在实践中，董（理）事控制学术事务与教师、行政人员抵抗这种趋势之间的张力不断地增加。这些张力反映的是民主与精英势力，董（理）事的公共问责与教师的专业能力之间冲突。

---

[1] Veblen，T. The Higher Learning in America：A memorandum on the Conduct of Universities by Business men［M］. New York：Reprints of Economic Classics，Augustus M. Kelley，Bookseller，1965：66.

表 5-1 大学董（理）事会职权比较

国别	组成	职权
法国	行政委员会为大学内部的最高权力机构，委员会由 30～60 人组成，教学研究人员占 40%～50%，校外人士占 20%～30%，学生代表占 20%～25%，其他人员（行政、技术、劳工及维修人员）占 10%～15%	1984 年《法国高等教育法》第 28 条规定：决定学校发展之政策；负责表决预算及批准经费；负责人事、业务之分配；授权校长进行司法诉讼；批准校长签订之合约及协议，或是依法规之借贷、入股、接收捐赠以及购置不动产事宜
英国	一般称为董事会，由 12～24 人组成，其中校外工商界独立董事可多达一半。董事会的主要职责是制定大学的章程和确定大学的理念，批准年度收支报告，保证学校资源的有效使用，聘任和解聘大学行政负责人，确定行政负责人的工资报酬	决定学校教育性质、学校使命并监督学校活动；确保资源有效使用、保证学校的偿付能力和资产的保护；批准年度收支预算；学校主要人员的任命、评定、免职、工资待遇、外部评审人员的任命等
德国	名称为大学咨询监督委员会，各州规定不一，由各校校务会议推荐或选任参与，再由政府任命	监督校长执行校务，对大学发展规划提供建议： 1. 审议大学预算；2. 对大学发展与设备采购计划提出意见；3. 处理大学组成单位的设立、变更和合并事务；4. 处理国家赋予大学重要事务；5. 对大学发展提供咨询；6. 颁布学费收费标准；7. 遴选大学附属医院院长；8. 遴选大学总务长
美国	1. 具体人数由各校董事自定，任期以 3~4 年居多； 2. 成员由学校自主规范，强调专业、多元及代表性	1. 拟定办学理念；2. 遴选董事长和董事；3. 遴选校长并维持校务运作；4. 财务监督与管理；5. 决定学校经营策略；6. 领导监督及执行董事会决策；7. 筹集学校办学经费
日本	称理事会，由校长及理事组成，包括校外理事，理事依各大学规定人数不一，任期不超过 6 年	理事会主要管理大学法人的行政事务： 1. 审议大学中期发展目标及年度计划；2. 决定大学预算方案和执行；3. 决定国立大学、学部、学科及其他重要组织设置与废止；4. 其他事项

5.3　大学治理的结构与规模

5.3.1　大学治理的结构与绩效

大学董事会的结构是如何影响大学绩效的？关于这个问题，学界的探讨不多。但是我们可以从公司董事会与公司绩效关系的研究获得一些启发，例如，我们发现，公司董事会的结构研究关注的重点是董事会的组成、规模、独立性、董事会主席及高管的持股比例，个人董事的职业、声望等。在这些问题中，他们同样关注董事会的组成与绩效是否相关，外部董事的比例与公司的绩效是否相关。调整董事会结构是否能提高公司的绩效？经学者的研究发现，董事会结构特别是规模，是随着企业特色和产业特色整体变化的。内部董事与外部董事的比例无论多少在特定的条件下都能提高绩效。但是大学治理与绩效之间以及非营利组织中的非营利董事会与绩效之间的联系的研究很少，对大学董事会结构与绩效之间的关系以及大学董事会特色的决定因素还没有实证研究。加州大学伯克利分校哈斯商学院的经济学教授赫马林（Benjamin E. Hermalin）关注的是决定大学或其他非营利性组织的董事会规模与绩效之间反向关系的价值。❶

当传统的欧洲大学还是由教授治理时，美国的大学从一开始就由外部董事会授权给大学校长管理，当然校长也有教学的职责。与现代企业制度非常类似，这种体制将组织治理权交给董事会，校长只是董事会的代理人。❷这种治理制度不仅在大学里成功地保留了下来，也是美国公司治理的主要特色。

根据董事会的独立性，大学与非营利性组织是大不相同的。大学董事会没有传统意义上的独立（外部）董事与非独立（内部）董事的分类。多数大学董事会没有内部董事。如果有内部董事的话，一般也是大学校长或行政领导。其他的大学领导，如学术领导或财务主管很少能成为内部董事。大学行

---

❶ Hermalin, Benjamin E. Higher Education Board of Trustees [M] //Governing Academia, Ronald G. Ehrenberg. New York: Ithaca, 2004.

❷ Kirkpatrick J E. Academic Organization and Control [M]. The Antioch Press: Yellow Springs, 1931.

政管理人员一般依职权行事，他们没有投票权。行政管理人员很少能做董事会主席，这在公司里是很少见的。当传统的衡量董事会独立性的尺度不适用时，大学董事会有很多不同的选择方法去选择董事。私立学校的董事会一般是自动延续的，由各层次的校友选举产生或由宗教团体任命。

5.3.2 大学董事会的规模与绩效

有研究表明，公司董事会规模越大，绩效越差。无论团队生产❶，还是组织决定❷，大规模的董事会都容易逃避责任，导致绩效低下。赫马林（Benjamin E. Hermalin）认为，很难相信存在着这样的因果关系。❸ 奥尔森认为，在其他条件相同时，成员数目多的集团的效率一般要低于成员数目少的。❹

董事会规模过大的问题同样也适用于大学，大学董事会规模过大也许在大学机构设置上有其他的好处。普林斯顿大学前校长波思（Bowen）和达特茅斯大学前校长弗雷德曼（Freedman）的研究认为，大学董事会过大是因为大学要为众多的赞助者服务，特别是企业，这就需要有大的董事会来代表各组织的利益❺，但是这也表明了大学董事会规模过大会导致效率不高。大学里董事的建议作用是很重要的，校长与其他大学高级管理人员应该来自学术界。这些人员没有经营和管理方面的经验，而现在的大学是在商业氛围下运作的。大学必须管理预算、管理捐赠资产，学校设施设备的维护以及教职员工的管理。一个大的董事会能够处理这些复杂的事务。但是大学董事会对课程、教师人事等问题也许不能发挥大的作用，但是对在商业氛围下的组织成功无疑具有不可估量的价值。

---

❶ Alchian，Armen A，Harold Demsetz. Production，Information and Economic Organization [J]. American Economic Review，1972 (12)：77-95.

❷ Olson，Mancur. The Logic of Collective Action：Public Goods and the Theory of Groups [M]. Boston：Harvard University Press，1971.

❸ Hermalin，Benjamin E. Higher Education Board of Trustees [M] //Governing Academia Ronald G. Ehrenberg (ed.). New York：Ithaca，2004.

❹ 曼瑟尔·奥尔森. 集体行动的逻辑 [M]. 陈郁，郭宇峰，等译. 上海：上海三联书店，上海人民出版社，1995：25.

❺ Bowen，William G. Inside the Boardroom：Governance by Directors and Trustees [M]. New York：John Wiley & Sons；Freedman，James O. Presidents and Trustees [M] //Governing Academia Ronald G. Ehrenberg (ed.). Ithaca：Cornell University Press，NY，2004.

大学董事会一般包括那些具有从外部资源获取资金的能力的人。一些研究认为，公司董事会往往要吸收一些有政治、军事背景的人，这样可以帮助他们克服与政府打交道时遇到的困难。❶ 一些前任的政治家和个人人脉广的成员也能在大学董事会中发挥同样的作用。多数董事会成员对大学有资金支持，这些捐赠也是很重要的。许多捐赠者被吸纳入董事会，只是为了认可他们的捐赠，他们在董事会中并不活跃。如果他们扮演的是监管的角色，那么他们对大学决定很少能提出一些建设性的意见或建议。于是很有可能发生这样的一幕：大的董事会被一群非正式的董事群体所左右，但是又要肩负绝大多数的决策责任。企业董事会一般给董事支付报酬，而学校董事会一般要求董事给予支持。这就是营利性与非营利性组织之间的差别。

这也是大学董事会比公司董事会遭受更多批判的原因。金森（Jensen）指出，公司董事会是完全由资本市场、法律、政治或监管制度所制约的，产品市场与要素市场以及内部控制都是由董事会领导的。然而，大学与资本市场以及其他市场因素是隔离的。当大学抢生源抢捐赠时，他们不会有企业自我约束的市场压力或者直接的市场评价。与企业相比，由于没有自我的约束机制，大学长期以来运作的效率不高。❷

另外，各个大学董事会自我约束方面的作用也不尽相同。马斯顿（Masten）发现公立学校与天主教学校在治理方式上较为集权，在管理控制问题上比其他利益相关者具有更大的作用。大学与企业虽然差别很大，但是在绩效与大学治理结构上的内部联系几乎是一致的。❸

赫尔马琳（Hermalin）和韦斯巴赫（Weisbach）的观点认为，公司董事

---

❶ Kole, Stacey A, Kenneth M. Lehn. Deregulation and the Adaptation of Governance Structure: The Case of the U. S. Airline Industry [J]. Journal of Financial Economics, 1999, 52 (1): 79-117; Agrawal, Anup, Charles R. Do Some Directors Play a Political Role? [J]. Journal of Law and Economics, 2001 (44): 179-198; Helland, Eric A, Michael Sykuta. Regulation and the Evolution of Corporate Boards: Monitoring, Advising or Window Dressing? [J]. Journal of Law and Economics, 2004, 47 (1): 167-193.

❷ Jensen, Michael C. The Modern Industrial Revolution, Exit, and the Failure of Internal Control Systems [J]. Journal of Finance, 1993, 48 (3): 831-879.

❸ Masten. Scott E. Authority and Commitment: Why Universities, Like Legislatures Are Not Organized As Firms [J]. Journal of Economics & Management Strategy, 2006, 15 (3): 649-684.

会的选择部分是由 CEO 和董事会之间协商的结果。❶ CEO 对好的绩效更具有发言权。大学是否也是有这样的机制？这个不得而知。大学章程一般会对董事会规模和组成做严格的限制。例如，许多董事就是校友会或宗教组织成员，而非董事会本身选举出来的。董事会一般要求捐赠大量的资金给学校，这样就限定了董事的来源，同时也限制了校长对董事选举的影响力。弗雷德曼（Freedman）讨论了公立学校和私立学校中大学校长在董事选举中起的作用，他认为两者没有什么差别。❷

当大学董事会在董事选举中发挥一些作用时，大学董事会与绩效之间是否有内部联系也是不清楚的。但是，大学董事会规模对绩效的影响最直接的内部因素是规模大容易吸收各种各样的人加入，特别是捐赠者。第二个影响大学董事会规模大小和结构的内部因素是其公司董事会的特点。大学特征也许与董事会规模与组成相关，衡量大学绩效是很困难的，因为大学有一系列的使命，没有一个单一的完美的解释标准。

5.4 大学治理的决策与监督

从各大学董事会的章程来看，无不规定了决策的程序和监督的方式。实际上，现代社会的大学董事会是否有效，往往与决策权有关。我们在大学董事会结构部分已经探讨了结构的不同影响着大学的绩效，两者之间的关联是通过各种机制起作用的。我们要思考的问题是，大学董事会的决策机制和监督机制中有多少主体话语得到了体现，他们是如何参与其中的。

5.4.1 大学治理的决策机制

权力、治理和决策是董事会共同的任务和职责。大学董事会在决策中主要负责大学的人事权、财务权，在某些大学治理模式中，董事会还负责学术权。在决策过程中，大学董事会发挥着如下作用。首先，建立并维护学校的

---

❶ Hermalin, Benjamin E, Weisbach, Michael S. Endogenously Chosen Boards of Directors and Their Monitoring Of the CEO [J]. American Economic Review, 1998, 88 (03): 96-118.

❷ Freedman, James O. Presidents and Trustees [M] //Governing Academia Ronald G. Ehrenberg (ed.). New York: Ithaca, 2004.

愿景、使命和价值观，决定大学的战略和结构，向管理层授权等。哈佛商学院罗莎贝什・莫丝・坎特指出，未来领导应该拥有愿景，推动愿景的分享。其次，协调好各种关系，如决策与监督的关系，行政与学术的关系，管理与经营的关系。再次，决策者必须具有应变能力。大学面临的危机也很多，有外部原因，也有内部原因，表现的形式也多种多样，如信誉危机、决策危机、经营管理危机、财务危机、法律危机等。决策者的应变能力能挽救大学的危机，使得大学的运作顺利进行。最后，决策方案的评估。要按照公平公正、利益均衡、权责分明等原则进行方案评估。在设计方案时，要充分听取利益相关方的意见；在确定方案时，要对方案进行伦理水平的评估；在选择可接收方案时，要权衡利益关系；在确定最佳方案时，要做出各利益相关方满意度最高的最佳方案。

5.4.2　大学董事会的监督机制

从大学治理看，大学运营是否健全，董事与监督人之间的制衡设计尤为重要。例如，美国大学的董事会，多设置承担各种任务的委员会，其中就有扮演监督角色的审计委员会。大学董事会监督机制，分为外部监督和内部监督两部分。从内部看，主要是大学董事会的监督机构来监督大学董事的决策以及对财务的查核。从外部监督看，还有司法监督、公众监督等。从监督的方式上看，可以分为事前监督和事后监督。由于大学治理中强调大学自治和学术自由，因而监督主要以事后监督为主，事前监督为辅。董事参与决策，涉及内部民主和外部民主的冲突、专家与外行的冲突，因而恰当的程序监督或许能让决策处于更加公正合理的地位。

5.5　各国大学治理制度的组织架构比较

正如前面所言，大学治理内部结构的配置权、控制权和协调权，具体包括组织架构、组织职权、行政领导、决策机制、财务与人力资源权。本节内容是比较各国大学董事会制度的组织架构，分析大学组织之间的关系，从而真正了解大学治理制度的运作过程。

5.5.1 法国大学的治理结构

1984年，《法国高等教育法》相关条款规定（第二十六条至第二十八条、第三十条、第三十一条），大学内设置理事会、学术委员会，以及学生事务委员会，作为管理学校事务的组织。

1. 理事会

1968年改革以后，理事会成为大学内部的最高权力机构，理事会由20~30人组成，教学研究人员8~14人，占40%~50%，校外人士7~8人，占20%~30%，学生代表3~5人，占20%~25%，其他人员（行政、技术、劳工及维修人员）2~3人，占10%~15%。[1] 代表中至少有一位企业家或商界领袖，来自社会各界，还有两位或三位代表地方政府。委员会的主席是校长。该法第二十八条规定了理事会的职权，主要内容有：（1）决定学校发展规划；（2）审议大学校长提交的预算草案，并核准教学与科研单位的经费预算；（3）负责人事、业务分配，审议新的教学与科研单位的建立，分配和核准各个教学与科研单位和各个行政部门的经费，决定大学自筹经费的使用；（4）授权校长进行法律诉讼；（5）批准校长订立合同，或依法借贷、入股、接受捐赠以及购买不动产等；（6）选举校长。

2. 学术委员会

学术管理的专门机构是学术委员会，学术委员会是一个咨询机构，由20~40人组成，教学研究人员等占60%~80%。（至少一半是教授或硕博导师、六分之一具有博士学位但不属于上列两项的人员、十二分之一来自其他教学研究人员，但半数系工程与技术人员。）博士生代表占10%~15%，其他学校或研究机构的教学研究人员占10%~30%，其职权为：（1）向理事会提出学校研究与科技发展方针；（2）建议学校有关经费分配；（3）审核各系所提出的研究计划；（4）提出大学文凭设立或修改；（5）初审新进教学或研究

[1] Décret no 2011-184 du 15 février 2011 relatif aux comités techniques dans les administrations et les établissements publics de l'État.

人员。

3. 学生事务委员会

学生事务委员会是一个对学生学业和生活方面的问题提出意见和建议的机构，由 20~40 人组成，教学研究人员和学生一般占 75%~80%（两者代表比例相同），校内其他人员（指行政、技术、劳工及维修人员）和校外代表各占 10%~15%。其职权主要与学生生活与学习环境事宜相关，包括：（1）拟定有利于挖掘学生潜能与提升学习效果的措施；（2）提供文化、体育、社会活动，改善学习环境；（3）对教学设备、社会医疗保险、图书资料提出建议；（4）保障学生参与工会和政治活动的自由。[1]

4. 大学校长

大学校长系根据法国大学治理原则，由该校的理事会、学术委员会、学生事务委员会集体选举产生的，校长候选人必须是该校的正式教学人员，当选后不再兼任校内或它校的任何职务。大学的管理必须根据校长的决定、理事会的决议、学术委员会和学生事务委员会的建议和意见。校长主持大学校务，代表学校法人负责签订协议及合约，并且负责大学财政收支的审核。另外，若校园遇到危难或不法分子寻衅滋事，可申请公权力协助维持校园秩序。[2]

从总体上看，法国大学的现有治理结构是分权式的管理体制，符合 1984 年《法国高等教育法》相关条款规定。从具体的内部治理来看，校长与理事会、学术委员会和学生事务委员之间的关系在不同的大学是不一样的。有的学者根据内部治理的不同划分为四类治理模式：校长与学术委员会联合治理模式、校长集中制模式、校长与教职员工共同治理模式以及多主体治理模式。[3]

---

[1] Code de l'éducation，article L953-6.

[2] Code de l'éducation，article L711-8.

[3] Mignot-Gérard，Stéphanie. "Leadership and governance" in the Analysis of University Organisations：Two Concepts in Need of De-construction [J]. Higher Education Management and Policy，2003，15（2）：135-163.

5.5.2 英国大学的治理结构

1. 津桥模式的组织架构

1854 年通过的《牛津大学法案》与 1856 年通过的《剑桥大学法案》规定大学设有立法和行政管理机构。牛津大学形成了全体教职工大会、七日理事会、主政教师大会、校长和副校长组成的治理结构。这两所大学内部管理完全掌握在学校教师和管理人员的手里，学校管理团体中没有外部人员。学校设校务评议会，负责选举校长和授予荣誉学位。剑桥大学由大学议会、理事会和职工代表大会组成。

牛津大学、剑桥大学主要是由系、学院组成的松散机构，内部管理完全掌握在大学高级管理人员的手中。校务评议会也是由有牛津硕士学位以上的成员所组成的，负责校长的选举以及荣誉学位的授予。章程由全体教职员会议通过，并由校务评议会做出最后决定。学部委员会由学部选举学部委员以及在教授和副教授中选举的委员组成。学部总委员会由 23 人组成，15 人由学部选举，其余的由七日理事会、财务管理者或在位的学部委员任命，负责学术事务管理和对学校教育政策提供咨询和建议。

2. 1992 年前大学的组织架构

1992 年，英国议会通过了《1992 年高等教育与继续教育法》，该法要求设立董事会与学术委员会。相比之下，1992 年前，大学董事会监管大学所有事务，“贾纳特报告”发布之后董事会权力范围有所缩小。董事会更像一个论坛，为董事讨论大学事务提供了一个场所。董事会人数 50~400 人不等。成员里面包括地方官员、其他大学和各学院代表、学生和校友代表以及理事会代表等。一般每年召开一次会议，主要审议大学年度总结报告，审议财务报告和任免校长等。

1992 年前大学的决策机关是大学理事会，实际上，其也是执行机构。大学章程规定了理事会的成员组合，通常包括大学主要负责人、增选成员、经选举产生的教职员及学生代表。这时候的委员会已经增添了外部成员，他们既非学生，又非教职工，他们的选任在章程中都有具体规定。按照良好管理的准则衡量，院校内的管理团体的成员人数一般不超过 25 人。

大学理事会要负责大学的财务和投资，管理大学的资产运营。很多情况下还监管教学与研究活动。章程上虽规定学术事务归评议会管理，但是实际上发挥作用的主要是理事会。评议会成员大多来自大学内部，包括教学人员及学生代表。按照大学的组成架构，评议会须对校理事会负责。评议会就学术事宜所做出的决定，若涉及财务或资源承担者，均须经由校理事会审批。相反，若校理事会所做的决定对学术有影响，例如开设或关闭某一学系，校理事会必须征求评议会的意见，而此等事宜通常由评议会提出。评议会的人员复杂，规模少则 50 人，多则超过 100 人。理事会下设各种委员会来负责一些具体事务，例如，评议会和战略委员会一起负责大学的发展规划，综合考虑支持学术和基建等需要。

1992 年前大学的董事会在治理机构中权力不大，但是由于参与者多，能很好地调动各种参与代表的积极性。而一年一度地审核大学总结报告，也能确保大学使命的完成。

3. 1992 年后大学的组织架构

首先，大学治理机构是董事会和学术评议会。1992 年前大学实行的是大学董事会、大学理事会和学术评议会的“三会制”，1992 年后，大学实行的是大学董事会和大学评议会的“两会制”。1992 年以后，英国大学董事会的权力压倒了大学评议会的权力，成为真正的决策机关。撒切尔政府通过大学拨款委员会对大学进行管理，大学成为一个利益相关者组织。大学的决策在各利益主体之间求同存异，实现利益的均衡。

其次，1992 年后大学董事会董事分内部董事和外部董事。根据《教育改革法案》（1992）的规定，1992 年后的大学董事会成员由 12~24 人组成，外部工商界董事占据相当的比例，最多可达 13 人。大学评议会负责学术事务，向董事会和大学行政长官负责，评议会成员一般不少于 2 人，学生代表不少于 2 人。新增董事 1~9 名，由原任董事选举产生，选任的董事至少有一名有教育背景，官员不参与新增董事选举。董事会每年举行会议不少于四次，大量事务由下设的委员会完成。

最后，1992 年后大学董事会和评议会的职责、功能和责任都有了明确规定。董事会的主要职责是制定大学的章程和确定大学的理念，批准年度财务收支报告，聘任大学校长等。评议会的主要职责是负责学术事务，评议会服从董事会和校长的领导。

5.5.3 德国大学的治理结构

1998年，德国修订了《大学基本法》，重新改造了大学组织。该法规定，德国大学的组织结构由三部分构成：大学理事会、学术评议会和校长。大学理事会的功能类似于咨询机构，但是又拥有最高的权力。

大学理事会由各学部和部分教授代表组成教授团，主要职责是选举校长、讨论大学办学事项和制定学校章程与规则。与其他国家不同的是，德国大学内部大部分事务由政府负责，而教学研究活动由讲座负责，因此大学理事会实际上没有多大的工作量，以平衡每位教授的利益为目的。德国大学的内部管理体制一方面合于政府直接管理的体制，另一方面也为教授提供了更多的教学自主权。德国大学的最高权力机构为理事会。理事会是大学理事会下的最高领导机构，作为大学的决策机构，其掌握着大学管理的实质性权力。

大学的许多决策和执法工作由理事会主持，校长担任理事会主席。大学理事会成员分别是教授、助教、学生、职工代表以及校外人士。例如，巴登符-腾堡州大学法规定，大学理事会的组成人员为13名，其中6名为校外人士。该理事会每学期举行两次会议。弗赖堡大学的理事会有6名成员（包括主席在内）是校外人士，由州科学研究和文化部任免；5名成员来自校内代表，一名为学生，其他为教职员工。大学理事会成员的任免方式因州而异，多数州规定，校长和学术评议会有理事会成员推选权，最后由教育部长任命。

大学理事会的主要职责是制定学校的管理规定，选举学校行政首脑，受理和审核校长年终报告。理事会对大学组织架构、发展以及校内外资源筹集与分配等重大事项有参与决策权。

学术评议会负责学校学术事务，成员具有广泛的代表性。组成人员有校长、副校长、行政总长、校长法律顾问、教授代表、系主任等。选举产生的人员代表教职工、学生的利益，教职工代表四年一任，学生代表一年一任。

校长由大学理事会任免，同时必须经过学术评议会批准。校长是大学理事会的执行长官，也是学术评议会和下面委员会的成员，校长必须执行大学理事会和学术评议会的决定。大学理事会任命的行政总长，具体负责大学财务和全部行政事务。

5.5.4　美国大学的治理结构

1. 董事会

董事会是大学最高决策机关，负责校务发展、财务计划、财产管理、校长等重要的人事选任，大学组织章程、一般规则与其他学校经营管理的规章制定。纳逊（John W. Nason）列举公立大学董事会的任务如下：（1）确定大学的发展任务与目标。（2）遴选大学校长。（3）支持大学校长贯彻施政方针。（4）监控校长的施政表现。（5）坚持大学的长远发展规划。（6）检讨大学的教学与公共服务方案。（7）确保足够的财源。（8）确保校务运作顺畅而具绩效。（9）维持机构的独立自主。（10）促使学府与社区有良好关系。（11）充任校内诉愿的裁决单位。（12）评价董事会本身的业务表现。[1]

公立学校的董事由州选民投票产生或政府官员及机构任命。私立学校的董事由现任董事推选。不论公立还是私立大学董事会都由外部人士组成，另外在某些大学也可能包括教师代表、校友代表与学生代表。私立大学董事会组织成员多是自己挑选聘任，以校外工商界人士居多，并且包括校长、依职权加入的董事成员（即校内行政人员）及校友代表，少数的私立大学董事会也包括教师代表或学生代表。加州宪法中关于董事的遴选规定："董事会应该是有能力者，并能广泛反映州经济、文化和社会多样性，包括其他种族和女性。"[2] 美国西北大学董事会章程中规定，董事会成员需要具有代表性，具体包括基本成员 36 人（任期 4 年，每年改选四分之一），政府代表 26 人（任期 4 年，每年任满不超过 7 人），校友代表 10 人（任期 4 年），社会热心人士代表 48 人（任期 4 年）。目前美国高校董事的数量大约是 50000 多名，这个庞大的来自社会各个阶层的群体对美国高等教育的影响不可小觑。2002 年，一项研究对 10 所美国著名大学和学院董事会成员的职业构成进行了调查，统计

---

[1] Ingrain R T（ed）. Governing Independent Colleges and Universities：a Handbook for Trustee，Chief Executives，and Other Campus Leaders［M］. San Francisc：Jossey-Bass，1993：95-110.

[2] http://www.leginfo.ca.gov/const/article9.

数据显示：298 名董事会成员中，来自校内的董事总计 22 人，占总数的 7.4%，来自校外的董事为 276 人，占总数的 92.6%。[1] 教授并非董事会的法定代表人，所以基本上并无决定大学营运方向的影响力。各大学董事会参与校务决定的程度由于董事会组成与具体任务的不同而迥异。由于美国大学董事会都由外部人士组成，因而使大学具有面向社会与企业的开放性，形成重要特色。

董事会还会设立许多专业委员会来管理具体事务，具体的有执行委员会、提名委员会、财政委员会、投资委员会、审计委员会、发展委员会、建筑和校产委员会、学生事务委员会、学术事务委员会。[2]

2. 校长与其他行政领导

校长是大学最高行政负责人，是校内各种委员会与董事会的成员，负责处理重大事务，对学校内部各项工作具有董事会授权下的决策权。董事会认为，由于以前的大学规模小，因此大学校长多是由德高望重的学者担任，但随着学校规模扩张，大学校长必须具备管理才能才足以治理校务，若由教授来遴选校长，往往会形成仅重视候选人的学识，而忽略他的行政能力，这对校务的推动是不利的。校长主要的职责是：向董事会提名其他学校管理者；提出学术整体政策；决定重大设施的采购；会见学生代表，了解学生生活和学习情况。

3. 评议会

教授评议会负责学术事务，凡学术机构设置与废止、学术政策拟定，均需向校长或董事会提供建言，其主席由校长兼任或由评议会选举产生。虽然美国大学以董事会为最高权力机关，其运作以董事会为中心。但是，大学教师对大学内的学术政策与学术事项，仍有其影响力，主要的决定机构为全校的教授评议会和学系教授会议。学系教授会议（faculty meeting）为学系主要

---

[1] 张斌贤，张弛．美国大学与学院董事会成员的职业构成——10 所著名大学的“案例”［J］．比较教育研究，2002（12）．

[2] Grade M L. Boards of Trustees［J］. The Encyclopedia of Higher Education，1992（2）：1494-1501.

权力机关，也是美国大学教师自治的核心。组成分子为系内各级教师，部分大学则设有学生代表，主要职权在于聘用系内新进教师、决定是否给予系内教师升等和长聘职位以及系内课程的规划。这些职权都经过大学董事会的授权，顶多由董事会在形式上行使认可权。教授评议会（faculty council）是由各个学术单位和全体教师代表选举产生。其中成员多数为大学教师，但也包括行政人员代表、学生代表和职员代表，其职权在于决定学术政策、促进教师学术发展以及设置招聘新进教师的委员会。在某些大学里，教授评议会所决定的学术政策还须经过董事会形式上的认可。教授参与学术的决策和管理主要是通过评议会（或教授会）及其下设的专业委员会，如经费委员会、科学研究委员会、教学委员会等。各专业委员会主要由教授、副教授组成，负责确定学校教学安排、学位标准和其他人事聘任政策。

5.5.5　日本大学的治理结构

根据《日本国立大学法人法》的规定，日本国立大学治理结构的权力主要分为三部分：董事会、经营协议会、教育研究评议会。

其中，董事会由校长、董事（根据法人的情况确定具体名额）及监事（两人）组成。校长任董事长，管理学校各项事务，是法人大学的最高责任者和大学法定代表人，拥有大学的实际经营权；董事由校长任命，其中必须包含校外董事；监事由文部科学大臣任命。(第 11 条至第 14 条)

经营协议会由校内外经营专业知识的代表组成，征求评议会意见后，由校长任命。(第 20 条）协议会负责审议国立大学法人中期计划、年度计划、会计制度、董事报酬、职员的工资待遇、预算编制与执行的规则、组织管理评价等有关经营方面的重要事项。其由校长、校长指定的与经营有关的董事及职员、占一半的校外与经营有关的专家委员组成，而校长任经营协议会的会长。负责审议国立大学有关教学和科研方面的重要事项的教育研究评议会，通常每月召开一次，由校长、校长指定的董事、学部长和教授代表等组成，而参加教育研究评议会的教授代表由各学部教授会互选产生，任期二年，校长任教育研究评议会的会长。

教育研究评议会由学校与教学有关的代表组成，校长任主席，审议教学课程，学生入学、退学，教师人事等有关学术研究等事项。这样，原来由文部科学省掌管的国立大学教职员的雇佣、解聘等人事权力都由大学校长来掌控。大学制定“中期目标”，其具体内容包括提升大学的教育质量、改善财务状况、大学自我评价和信息公开等事项。国立大学法人化改革后，大学校长成为大学经营和教学两方面的最高责任者。有学者认为，通过这样的改革，大学教授会的权力变小了，校长的权力变大了，学术运作方式发生了变化，从而颠覆了日本传统的国立大学“由下到上”、校内纯学术性权力运作的方式。❶

5.5.6 小结

通过对五国大学权力分配的比较，如表5-2所示，我们大致可以得出以下结论：大学的决策权大多掌握在董事会手中，也有少数掌握在校长手中。大多数学校的学术权掌握在大学评议会手中，有些学校行政权与学术权分离，有些学校学术权服从行政权。从监督上看，有专门成立监事会的，也有成立咨询监督委员会的。内部治理的框架由决策权、行政权、学术权、咨询权、监督权等五大权利确立。而解决内部治理的核心问题就在于如何处理好学术权与咨询权的关系或管理人员与专业人员之间的关系。欧美大学无论是何种治理模式，都倾向于尊重大学的学术权。这不仅是大学的传统，也是大学教育的权力特征。

表5-2 各国大学权力分配比较

国家	最高权力	决策权	行政权	学术权	咨询权	监督权
英国	董事会	董事会	理事会	评议会	大学咨询委员会	董事会或监事会
法国	理事会	理事会	校长	理事会	学术委员会	
德国	大学理事会	大学理事会	校长	学术评议会	大学理事会	咨询监督委员会
美国	董事会	董事会	校长	大学评议会	教授评议会	董事会
日本	校长	理事会	理事会	教育研究评议会	经营协议会	监事会

❶ 田爱丽. 日本国立大学法人化制度研究及启示［D］. 上海：华东师范大学，2006.

第6章 现代大学治理体系演变的国别比较

现代大学治理制度不仅存在着国别差异，一国的不同发展阶段也有不同的模式。本章以各国的大学治理模式发展为线索，揭示大学治理制度的演变规律和内在动力。

6.1 法国大学理事会治理模式

法国是世界上创办大学最早的国家之一，法国大学的治理结构在大学治理中也产生了深刻的影响。法国大学治理从行会自治模式、集权理事会模式到松散理事会模式的演化发展，体现了学术权力与行政权力互为消长的过程，也是不同利益主体主导大学治理的过程。在大学发展的相当长的历史上，法国大学治理模式的主要特点是将大学视为政府机构的组成部分，大学以政府政策为航向标。在这种行政主导型的治理结构中，学术权无法与行政权相抗衡。近年来的改革取向则是减少政府的行政干预，使大学成为自治型的大学。

从大学制度的演变看，法国大学理事会模式经历了行会自治、政府主导集权的理事会治理再到多主体共治的松散理事治理模式，三种类型的治理模式都与当时的政治、经济、文化条件相契合，都是在给定制度背景下，各种机制调整组织行为和结构的演变过程。

6.1.1 巴黎大学行会自治的治理模式

法国最早的大学——巴黎大学是在巴黎附近的僧院学校和大教堂学校基础上建立的。巴黎大学是一种学者社团，确切一点说是学者行会。古列维奇认为，中世纪大学要从获得特许权那一刻起，才得以合法地存在。[1] 当时的教师和学生为了保护自身利益，模仿手工业和商业的行会形式自发组织起来形成了学者行会。这种行会分为两种形式：一种是意大利波隆尼亚的以学生行会为主的波隆尼亚大学，另一种是法国巴黎以教师行会为主的巴黎大学。巴黎大学最早是从教会学校发展起来的，教会控制着学校，地方主教委托圣母院学校校长对教育事务进行监督管理，在教皇及教会的影响下，圣母院学校校长逐渐成为大学的最高权力者。[2]

随着形势的发展，巴黎大学逐渐在斗争中拥有了自己的章程和相应的自主权。教会为了与世俗争夺对大学的控制权力，先后给大学颁布了一些训令，授予了大学一些特权。教皇西勒士丁三世于 1198 年赐予了大学社团第一批特权，1215 年，教皇为巴黎大学颁布了章程，允许教师组成行会，颁布规则，吸纳成员，削弱了圣母主教和校长对巴黎大学的直接控制权。[3] 1231 年，教皇通过了大学的大宪章，使巴黎大学摆脱了主教的控制，并拥有了结盟权和罢课权，拥有了授予学位的专有权，使得司法官的司法权受到了限制，也使巴黎大学确立了法人资格。[4] 1249 年，巴黎四个同乡会选出了共同的校长，巴黎大学形成了以教师为主导的学院组织模式。

传统的大学制度受宗教控制，这种学校在成立之初还具有一定的生命力。随着社会的进步，特别是文艺复兴运动的兴起，大学的缺点暴露得更加明显，受到种种责难，在经历了 12~15 世纪的初步发展后，大学的声望在 16~18 世纪期间明显下降。与此同时，在宗教改革的冲击下，天主教内出现了一个自称“耶稣会”的教派。该教派凭借充裕的财源，先后在西欧办了许多学院，并且确定了统一的教学原则。这些学院实行寄宿制，主要教授神学和古典文学，按照罗马军队的建制组织学生，培养学生的竞争精神。在大学一蹶不振的年代，耶稣会学院以其严密的组织、严格的教学和雄厚的资金吸引了大批学生。[5]

---

[1] 古列维奇．中世纪文化范畴［M］．庞玉洁，李学智，译．杭州：浙江人民出版社，1992：195.

[2] 张磊．欧洲中世纪大学［M］．北京：商务印书馆，2010：164.

[3] 刘海峰，史静寰．高等教育史［M］．北京：高等教育出版社，2010：273-275.

[4] 宋文红．欧洲中世纪大学的演进［M］．北京：商务印书馆，2010：141.

[5] 朱旭东．新比较教育［M］．北京：高等教育出版社，2008：93.

这种治理模式下的大学治理，政策是通过学术同行反复讨论的结果，而不是通过外部的高压权力来推行的。[1]

6.1.2 集权型的理事会治理模式

近代以来，政府对教育的控制日益加强，大学被纳入国家教育体制，大学学术权力让位于政治权力。从学者研究来看，这种模式的特点是国家财政拨款决定了大学的决策。[2] 大学的控制权从教会转向国家是从拿破仑开始的，是国家政权与教会争夺教育控制权的产物。1789 年，法国资产阶级采用暴力革命的方式在法国确立了资本主义制度，同时，在复辟与反复辟、压迫与反压迫的不懈斗争与反复较量中，法国资本主义制度逐渐确立和巩固，以中央集权为核心的近代国家体制逐步建立。这一时期法国经济也获得前所未有的发展，至第二帝国后期工业革命最终完成，法国成为一个工业化、城市化的国家。1789 年，法国革命爆发不久之后，“公共教育组织法”在资产阶级召开的革命会议中通过。此法案的通过引发了大学教育的大变革，尤其是大学的学科设置发生了巨大变化。传统的大学机构中的神学部、法学部、医学部、哲学部被关闭，取而代之的是以技术教育与自然科学为中心的专门学院。与此同时，教育体系也初步形成：无论在教育管理体制、教育结构、课程内容，抑或在教育条件诸方面均显现出鲜明的现代色彩。拿破仑执政后，认为教育的任务应当是用统 的思想培养为帝国服务的人，国家必须控制教育。1799 年，他主持颁布了新宪法，即“共和八年宪法”，确立了资产阶级中央集权制度。1806 年 5 月，教育法正式颁布，其内容包括：第一，建立一个负责整个帝国公共教育和教学的机构——“帝国大学”；第二，全体教师应承担专门的和临时的世俗职责；第三，教师的组织机构将以法律形式提交 1806 年立法会议机构。[3] 帝国大学成立后，全国分成 29 个学区，由教育总长委派督学去各学区检查监督。帝国大学理事会成立于 1808 年 3 月 17 日，理事会的作用主要

---

[1] Goodman P. The Community of Scholars [M]. New York: Random House, 1962.

[2] Bldridge J V. Power an Conflict in the University [M]. New York: John Wiley, 1971; Pfeffer J, G Salancik. Organizational Decision Making as a Political Process [J]. Administrative Science Quarterly, 1974, 19 (2): 151-165.

[3] 顾明远，梁忠义. 世界教育大系・法国教育 [M]. 长春：吉林教育出版社，2000：63.

是为大学的议事规则和决策当参谋，并监督大学财务状况，对校园纠纷作出裁决。该法第82款还规定了上诉等补救措施。1820年，法兰西帝国崩溃后，帝国大学理事会随后也被取消，恢复了公共教育委员会（理事会），成员中鲜有天主教教徒代表。1850年，修改大学理事会增加了新教、犹太教等教派代表。1880年2月27日，法国调整了高等教育理事会的职能，高等教育的社会服务功能开始得到强化。1870年，法国开始进行高等技术教育的立法，并成立了高等专科学校的理事会。1945年4月26日成立了一个最高理事会，以解决学校纠纷。1964年12月26日发布了65-1053号令，1965年11月19日增加了理事会成员数目，此后，教育部不再委派代表。该理事会成员包括：全国公共教育局代表25名；其他部委代表7名；专业人士、学生家长、学生和专业协会代表共18名；教师代表25名；私立教育代表5名。

这种治理模式的特点是权力高度集中在政府，集权式的治理模式有助于大学资源整合和管理效率的提高。但是，由于权力高度集中在上层，大学自身的治理权力就比较小。“上层结构的权力集中在国家教育部的官僚手中。没有院校董事会管理制度，院校行政的力量相对较弱。”❶ 在帝国大学管理的数十年间，法国大学缺少相应的自治权，从而影响了法国大学整体的学术水平和高等教育的质量。

6.1.3 参与型的理事会治理模式

战后教育民主化思想的发展，推动了大学治理方式的改变，大学治理模式开始从集权模式走向多元参与型模式。这种治理模式类似于维克（Weick）提出的“松散联结系统”（Loosely Coupled System）或者科恩和马奇（Cohen and March）所提出的“有组织无政府模型”，也就是说大学组织内部各要素之间的联系较小，每一单元可以相互独立地做出反应，以适应外部环境的变化❷；大学组织没有明确目标、技术不确定和组织成员具有双重忠于特

❶ 伯顿·克拉克. 高等教育系统——学术组织的跨国研究［M］. 杭州：杭州大学出版社，1994.

❷ Weick, Kad E. Educational Organizations as Loosely Coupled Systems［J］. Administrative Science Quarterly, 1976: 1-19.

性——既忠于所在的大学组织，也忠于所处的学科和专业领域[1]。

引起制度变革的是 1968 年爆发的学生运动，正是这场运动改变了 100 多年来的高等教育管理体制。这场改革的背景是大学所培养的学生已不能适应当代社会对人才的需求，这些人才进入社会难以被社会所吸收。1968 年的学生运动中，大学生提出了“参与”的口号。1968 年的《高等教育方向指导法》对法国大学的治理结构进行了重构，由首席教授（chair holding professor）所主导的严格、保守的学院体制被推翻了，取而代之的是不同类型的教学与研究单位，后来发展成 70 余所多学科大学。至此，大学才成了真正意义上的自治单位，校长由选举产生，学校在学生参与下实行民主管理，大学理事会由各院系成员组成。尽管如此，法国大学高度集中的治理模式依旧没有改变，人事权、财政权还是由巴黎政府掌握。后来，新任校长发现有必要组成一个全国性的教授委员会，这样他们就可以共同提出自己的诉求。与政府集权部门相互制衡的职能是强大的教师组织和学生组织。

1968 年的《高等教育方向指导法》是 20 世纪大学重组的最基本的指导法令。在此之前，法国大学只是由各个学院所组成的空架子，各学院内部独立决定自己的事务，学院与学院之间很少相互联系，大学没有具体的管理职能。1968 年以后，每所大学都获得了一定程度的财政自由，并有权对学校的整体财政进行预算，同时拥有不需要经过教育部的经费使用许可而使用学校部分经费的权力。

1968 年改革中所确定的与过去最大的不同在于把学院改为教学与研究单位。教学与研究单位的建立就是要保证它们所提供的课程能够使学生有机会把不同的学科组合起来。新法第六条明文规定：“大学是跨学科的而且必须尽可能使文学艺术与科学技术联系起来的组织。”这不仅能激励学生跨越学科界限地努力学习，而且能加强庞大体系下各机构间的联系。各教学与研究单位还将重组为不同的小型大学。

1984 年的《高等教育法》规定公立高等教育事业是世俗的，公立科学、文化和职业性机构是国家高等教育和科学研究机构，它具有法人资格、教学

---

[1] Cohen, Michael, March, et al. Leadership and Ambiguity: The American College President [M]. NY: McGraw Hill Bock Company, 1974.

与科研、行政和财政方面的自治权，实行由全体工作人员、学生和外界人士参加的民主管理。该法规定了学校通过合同形式获得政府拨款。政府与大学之间通过合同的形式来明确权利义务，这说明法国高等教育已经从高度集权的直接管理走向国家政策指导的间接管理，这有助于明确大学的责任和实现大学的自治。❶

1968 年的《高等教育方向指导法》只是推动大学内部管理体制微观层面的变化，中央集权并没有多大削弱。1984 年的《高等教育法》则进一步鼓励大学自治，关键措施便是赋予大学在财务方面的自主权。2007 年，《综合大学自由与责任法》确立的多年度合同制、总经费预算等方案不断向大学放权。

6.2 英国大学的董事会治理模式

6.2.1 英国大学董事会制度的津桥模式

500 年前，英国大学董事会制度是津桥模式。中世纪教会颁发的特许状赋予了大学诸多特权，牛津、剑桥大学等古典大学都是经由教皇颁发特许状而成立的。牛津大学和剑桥大学是一种民间机构，即由学术人员组成的行会，在特许状范围内活动。两校的章程认可董事会的教职员全体会议，也就是那些在牛津大学教书和居住的老师，董事会是大学最高的治理机构。章程使教职员全体会议有可以遵循的议事程序和投票方式。

教会控制教育是英国历史的一个基本特点。自公元 6 世纪，罗马教皇派遣奥古斯丁到英国传教，到宗教改革的近 1000 年时间里，教会掌管大学教育。虽然牛津大学于 1231 年、剑桥大学在 1250 年被授权具有大学身份或法人组织形态，但是这种法人地位丝毫不能影响教会在治理中的主导地位。首先，具体表现在两校的校长都必须由所属教区指派。其次，大学教育的目标是为宗教而学习，为神学而研究。偏离这个轨道，就被视为异端。其间大学师生虽有反抗，但最终的结果还是屈服于主教的统治。最后，主教对其成员

❶ 黄建如. 比较高等教育：国际高等教育体系变革比较研究 [M]. 北京：社会科学文献出版社，2008.

具有裁决权。因而，英国教会不但没有成为牛津大学发展的桎梏，反而成为支持牛津大学治理运动的一种力量。

13 世纪末期至 14 世纪初期，两校校长逐渐消除教会派驻代表的色彩，融入大学法人组织，正式成为大学的学术主管。1381 年，英国国王爱德华一世（1239—1307）赋予大学校长以司法裁判权。1536 年，英国国王亨利三世禁止剑桥学生学习经院哲学（Scholasticism）与教会法，1690 年，剑桥与牛津大学获出版《圣经》的权力。

16—17 世纪，在文艺复兴和宗教改革的推动下，王权和神权展开了激烈的争夺。最后，英国国会通过了《至尊法案》，宣布英国国王为最高首脑。为了摆脱教会对大学的控制，国王推行了一系列的改革措施来控制学校。首先，大学校长由国王任免。1559 年，伊丽莎白一世发布命令，规定大学使用“皇家语法”，禁止任何未得到主教批准的人任教。1570 年，英皇颁布的关于剑桥大学的《伊丽莎白法令》规定，牛津大学校董事会的成员多数为学院院长，大学的决策由校长和院长做出，也就是说学校行政领导权归大学副校长和各学院院长。15 世纪中叶，校长职务又渐转为名义上的校长（虽由教授及校友代表经选举程序产生、无固定任期、多由非学者的政治界人士出任、不住于校区里），真正管理学校事务的是副校长。1636 年，牛津大学颁布章程承认王室有至高无上的权力，学校要向国教教主做“效忠宣誓”。当时大学的成立，必须获得由皇室和国教颁发的皇家特许状，否则不允许建立。特许状改变了大学的人才培养模式，也改变了生源结构，两所大学从侧重于为教会培养高级神父，转变为国家培养官吏和专业人士。在 18 世纪以前，牛津、剑桥大学完全是贵族学校，1747 年，牛津大学每位学生有三个房间、两名仆人。1748 年，剑桥大学学生的食物是极好的。两所学校的学费，在 1750 年左右每年约为 90 镑，其时农场的工人每月工作 30 天，只得工资两镑，一年只有 24 镑，其子女自然无法上大学。[1] 19 世纪，剑桥大学进行了改革，首先是 1869 年成立女子学院。其次是 1876 年废除学院的研究员与导师必须独身以及学生必须信仰英国国教的规定。这些都表明了大学从“神坛”走向了“世俗”。国家

---

[1] 雷飞龙. 英政府与政治［M］. 台北：台湾商务印书馆股份有限公司，2010. 引自，Christopher Hibert. The Eenglish：A Social History 1066-1945［M］. New York：w. w. Norton，1987：458-472.

和大学的关系开始紧密起来。

今天，牛津、剑桥这些传统的大学，在董事会治理中，主要关注的不是“效率”问题，而更多的是这些学校表征的意义。大学中的学术事务也不是由学术机构决定的，大学治理机构管理的事务主要有计划地制订、执行和检查监督，这些事务通过集体决策。校务委员会、评议会任免副校长。学术事务的决策虽然不是通过评议会来决定的，但是富有影响力的学者的观点会呈送到会议中讨论。

总之，自中世纪以来，牛津、剑桥的最高治理权属于全体教职员工。根据两所大学的治理章程，全体教职员工对大学的治理拥有最高权力。这种校园治理模式的缺陷也是很明显的：第一是教授虽然术业有专攻，但是因为专业而造成视野狭窄，第二是教授只顾自己小集团的利益，对外界变化反应不够灵敏，缺乏通盘考虑。从决策的角度看，事事经过多数人同意，决策过程漫长而无效率，因而常常会出现错失时机的情况。

6.2.2 1992 年前大学的董事会模式

19 世纪早期，英国的经济和社会生活经历了工业化变革，正在崛起的中产阶级对古典自由教育制度产生了不满，因为这种制度主要是为了迎合所谓闲逸、有产贵族阶级的兴趣。正是在这种背景下，在 19 世纪，英国理论界围绕自由教育分别展开了两次大规模的教育辩论。辩论的主题：大学是为教会和统治者培养接班人，还是为社会经济发展培养人才？大学是为少数人垄断，还是向广大群众开放？大学教育的目标是提供丰富知识的自由教育，还是提供狭窄的专业教育？

这场斗争的结果最具有转折性意义的是成立了伦敦大学。从法律地位上看，早期以集资形式兴办的伦敦大学没有获得皇家特许状，所以只是一所“自封”的大学。1832 年，国会通过了改革法案，将受教育的权利向中产阶级开放。1835—1858 年间，英国政府连续给伦敦大学颁发了三个特许状，确立了其办学地位。19 世纪后半叶，在伦敦大学的带动下，大批新型大学、学院在英格兰北部、威尔士涌现。这些城市学院的人才培养目标从原来培养政府官员和牧师转向培养工业和市场需要的人才。城市学院和大学的出现，向中产阶级打开了高等教育大门，高等教育也不再为上层阶级所垄断。伦敦大学的治理模式是适应社会发展的需要，为社会经济发展培养人才，大学不再为少数人所垄断，大学的生源结构因此改变了。新大学招生人数直线上升，而牛津、剑桥的招生不断缩减。直到 1854 年通过《牛津大学法案》和 1856 年通过《剑桥大学法案》，经调整两校培养人才的模式才恢复生机和活力。[1]

这类大学大部分都是依据枢密院颁发的“皇家特许状”设立的，大学内部也制定了一系列的章程。这类大学还有少部分是依据国会特定法令而设立的，其运作细节也有一套章程。大学章程的内容如果要修改，就必须事先向枢密院提出申请。上述的特许状下的董事会模式，在大学中的法律地位是比较高的。特许状一般情况下是不能召回的。在北爱尔兰有一个案例就说明了，枢密院要召回特许状，必须满足以下几个条件：一是特许状本身有规定，二是法人终止，三是法人同意。

在这种模式下，董事会的组成及职权范围是由大学章程规定的。董事会虽然是大学的最高权力机构，但其权威只具有礼节性，其最高权力具有形式性。从董事会代表的职业性质来看，董事由学术人员、校友、教育组织、宗教团体、专业团体的代表组成。从董事的数量比例看，来自大学外部的董事比大学内部的董事要多。在学术人员代表中，教授董事比非教授董事多。

伦敦大学的治理结构是由董事会、理事会和评议会组成的。其中发挥核心作用的是理事会，这表明了大学管理开始走向追求效率的道路。另外，在非学术性事务方面，校外人士参与并发挥了越来越大的作用。这也说明了大学民主化不断发展，推进了大学治理结构不断变革。但是由于行政权和学术权之间的矛盾没有得到很好的解决，管理的效率没有得到提高，很难适应多变的教育格局。

6.2.3　1992 年后大学的董事会模式

由 1992 年前模式向 1992 年后模式的董事会制度转换很大程度上是由于一份报告的意见。这份报告的名字叫“大学效率研究指导委员会报告”（通称

---

[1] 牛津剑桥的改革可参看 Anderson R. British Universities Past and Present [M]. London: Hambledon Continuum, 2006.

“贾特勒报告”），发表于1985年，在撒切尔时期实施。[1] 该报告强化市场机制的作用，对大学的财务、人事、治理结构进行了全面改革。首先，报告建议将大学最高治理权力由学术权力主导转向行政权力主导，副校长是主要行政长官。由副校长、助理副校长、高级行政官员组成校务委员会作为大学的执行治理机构。校务委员会管理除学术事务以外的其他事务，如财务、投资、签约、贷款、抵押等。其次，从管理效率上看，该报告建议将大学公司化，像私营部门一样管理，提高管理绩效。最后，在人事改革上，取消终身教授编制。1992年的《继续教育和高等教育法案》以法律的形式规定了这些内容。该法案规定，大学治理机构是大学董事会。董事会主要权力表现为人事和财务权，而评议会行使学术权，对董事会和大学行政长官负责。1997年，英国高等教育调查委员发表了《学习社会中的高等教育》的咨询报告（又称《迪尔英报告》），报告提出大学治理要具有回应能力，实行多种利益相关者参与的多中心治理模式。《迪尔英报告》缩小了原来大学校董会的规模和权限，使其成为一个评议机构，而非管理机构。成立高等教育治理保障部门来考核大学的学术水平和教育质量。2003年发布的《大学与企业合作兰伯特回顾》建立并监控控制和问责体系，将管理权从学术人员转移给行政人员。

6.3 德国大学的理事会治理模式

克勒尔把德国大学的管理体制分为教授大学、团体大学和21世纪以来的大学三个阶段[2]，而实际上采取什么样的治理模式，首先取决于这个国家对教育权的基本定位。1848年12月21日通过的《基本权利宣言》中规定：教育由政府掌管。德国以资产阶级民主宪政制度为背景的国家教育权的最后确立，使德国教育的法律地位通过国家权力得到确定和保障，有力地推动了德国初等义务教育的普及和整个教育事业的发展。[3] 因此，德国大学的治理模式，是

[1] Sasan Lapworth. Arresting Decline in Shared Governance: Towards a Flexible Model for Academic Participation [J]. Higher Education Quarterly, 2004 (10): 299-314.

[2] Keller, A. Hochschul Reform and Hochschul Revole [M]. Marburg: Bdwiverlag, 2000.

[3] 秦惠民. 走入教育法制的深处：论教育权的演变 [M]. 北京：中国人民公安大学出版社，1998：68.

贯彻国家教育权理念的必然结果。

6.3.1 教会主导型的大学治理模式

教会主导型的大学治理模式，大体是从德国大学建立一直延续到19世纪初德国大学改革运动时期。1506年前，德国最早建立的一批大学是那不勒斯大学（1224）、布拉格大学（1348）、维也纳大学（1365）、海德堡大学（1385）、法兰克福大学（1498）等17所大学。中世纪大学的类型有三种：原型、衍生型和新建大学。[1] 从产生类型上看，德国大学属于新建大学。德国大学最早可以追溯到中世纪教皇授权大学，不管通过教皇训令还是皇家敕令，它们都享有自行制定管理规章、自行颁发任教许可状等特权。此时的大学由学者行会组成，在组织形态上已显现出大学教授治校原则及大学治理组织结构的雏形。中世纪以来德国一直存在着行会制度，认可职业自治制度，所以大学的自治性是符合德国行业发展要求的。

教会主导型的大学治理模式能够在德国延续，和德国皇帝查理四世的支持不无关系。这是因为，新建大学的创办得到了教皇的特许，能够获得欧洲一流大学的地位和特权，能够吸引海内外教师和学生，能够促进落后地区大学的发展。[2] 大学是教会和君主授予特权的师生独立团体，具有教学权、自治权和独立审判权三项特权。[3]

德国大学与中世纪早期的波伦亚大学和巴黎大学相比，有一个显著的不同点：前者是从松散的学生或教师行会逐渐发展起来的，而后者是由地方政府有计划地创建的。中世纪大学依附于教会，为教会服务，主要任务是传递教会知识与满足信仰需求，“因为大学（中世纪大学），至少是德国的大学，无例外的是在基督教会的土壤上蒙受天主教会的庇荫而成长起来的。”[4] 如15世纪的弗莱堡大学，其目标主要是培养神学家和国家行政人员，开设的科目是神学、法学、哲学和医学，课堂讲授所使用的语言是拉丁语。[5]

---

[1] 宋文红. 欧洲中世纪大学的演进［M］. 北京：商务印书馆，2010：94-96.

[2] 张磊. 欧洲中世纪大学［M］. 北京：商务印书馆，2010：335.

[3] 鲍尔生. 德国教育史［M］. 滕大春，滕大生，译. 北京：人民教育出版社，1986：14.

[4] 鲍尔生. 德国教育史［M］. 滕大春，滕大生，译. 北京：人民教育出版社，1986：18.

[5] http://www.uni-freiburg.de/universitaet-en/portrait/geschichte.

在宗教改革、文艺复兴和启蒙运动的推动下，德国大学数量有了较大的增长。1500年到1800年的三百年间，共创建或重建了约50所大学，但是大学教育的组织形式没有多少大的变化。[1] 德语地区邦国林立，宗教信仰的分化与对立，促成不同教区的邦国，只对该邦国大学进行改革，或自行设立自己邦国的大学，导致大学组织形态，由中世纪学者行会转变为邦国所属高等学府。此时大学虽逐渐摆脱教会的控制，走向世俗化，但是由于邦国君主通过邦国法令，对大学进行监督控制，大学沦为君主谋取国家公共福祉及为国家培养未来高级人才的工具。大学失去了学者行会的社团法人性质及自行管理内部事务的特权。这样，大学组织形态由中世纪学者行会变为邦国所属高等学术机构，这也是德国现行大学兼具社团法人性质与国家机关属性的历史根源。

6.3.2 教授主导型的理事会治理模式

随着教会势力渐弱，教育制度世俗化及专制政权兴起，大学被视为国家最高教育单位，主要任务是为国家高级公务员服务。大学组织性质转变成为国家机构，受国家机关的领导与监督，不具独立法人格，但享有社团的所有权利（如私法上的法人格等）。此时，大学组织结构已呈现双轨系统，在一般行政事务上，如人事、经济及财务等事务，大学为国家行政的一部分，由国家派出的管理单位负责，此范围内大学属于国家的特殊机关。另外，在自治社团性质层面，大学内部事务，如大学发展战略与规划、学术研究与教学等事项，由大学自主决定，免于国家权力干预。然而，大学教授属国家公务员，由主管部长任命，大学经费系国家编列预算拨款，因此，虽然大学组织架构同时存在“学术自治行政”与“国家专业行政”分立的组织模式，只是在为国家服务的理念下，大学治理理念早被淹没在了国家利益中。德国大学仅为形式上的所有权人，但无法享有真正的所有权人的自由及享有财产权的占有使用收益等权利，另外，大学的学术自由仍受到限制，无法体现大学的自治性。1794年的《普鲁士国家的一般邦法》规定，大学是国家机构，大学是享有学术自治权的法人社团。这时候，国家对大学的管理主要表现在三个领域：

---

[1] 周丽华. 德国大学与国家的关系［M］. 北京：北京师范大学出版社，2008：23.

设立国家教育行政部门、招聘教学人员和管理大学学习与控制大学的研究工作。[1] 大学虽然丧失了财产权、司法权，但是大学的学术自治权得到了加强，尤其是大学教授成了自治的主体。

普法战争失败以后，德国的命运是通过大学来改变的。柏林大学是在德国处于危难之际建立的。包尔生说，柏林大学是普鲁士的精神纪念碑。[2] 1809 年，普鲁士创建了柏林大学。柏林大学继承了中世纪大学的组织结构，但是大学的治理主体已经产生了变化。中世纪大学组织中的教师、学术原则上拥有平等的权利，19 世纪，教授主导型的大学的决策机构是大学理事会。大学理事会的成员是所有教授或教授代表，其他高校成员如编外教授、私人讲师、学生等都不是治理的主体。德国大学由国家管理或监督大学的经费、设备和人员等非学术性事务，由教授管理课程、考试、学位等学术性事务，这是现代官僚体制与传统学术自治的结合。之后，柏林大学成了德国各所高校学习的榜样，其治理模式成为德国大学的共同治理模式。柏林大学采取这样的治理模式，是因为当时的大学领导人认为，只有科学才能促进个性的发展，大学是基于科学的高等学校。鲍尔生说，柏林大学是真正的科学研究与科学教育机构的典型。[3]

6.3.3　政府主导型的理事会治理模式

18 世纪以来，受启蒙运动思想的影响，政府管理需要大量的经过专业训练的公务员。1768 年 Maria Theresa 引入了一套新的管理制度，以此削弱高校财务独立性的改革。并在高校内部引入了竞争机制，缩短了假期，开始用实践课程取代填鸭式教学。1773 年，教皇解散了耶稣会，将神学院交给了大学。

拿破仑战争之后，大学规模不断扩张，1860 年，弗赖堡大学招生人数达到了 1500 人。在这段时间里，学生的地位不断提高。例如，在法国大革命的民主思想的推动下，第一个学生社团成立了，1848 年革命失败后，人们希望实现共和的理想也破灭了。

---

[1] 周丽华. 德国大学与国家的关系［M］. 北京：北京师范大学出版社，2008：81.

[2] 鲍尔生. 德国教育史［M］. 滕大春，滕大生，译. 北京：人民教育出版社，1986：125.

[3] 鲍尔生. 德国教育史［M］. 滕大春，滕大生，译. 北京：人民教育出版社，1986：126.

1871年，俾斯麦统一了德国，普鲁士推行的大学管理政策是强调国家调控和管理的制度。尽管之前的《法兰克福宪法》（1849）和《普鲁士宪法》（1850）都规定了学术自由是人的基本权利，而《魏玛宪法》（1919）则将学术自由理解为保护学术正常发展的制度保障。俾斯麦时期，负责大学事务的教育司长阿尔特霍夫坚持国家利益高于教会和大学利益，重点支持国家建设和社会发展需要的学科和高等学校，对各邦文化政策进行统一领导和集中管理，干预大学人事任免。

希特勒执政后，大学行政关系改由帝国教育部统一管理。纳粹党通过在大学清除异己和实行领袖原则来实现一个党、一个领袖和一套思想领导，全盘否定了大学的学术自由和大学治理的传统❶。“领袖原则”写入了大学章程，确定大学校长在大学中的领导地位。而理事会则成了咨询机构，校长、院长领导着教授。这个时期的法兰克福大学由于左派激进政治思想占据上风，约三分之一的教师被解雇，位居全德国大学之首。❷“二战”后，《德意志联邦共和国基本法》（1949）规定了教学自由等大学治理权。该法第58条第3款规定：“高等学校通过统一管理，完成自己的任务以及涉及国家事务的任务。”在统一管理下，国家监督权被扩大了。该法第59条第2款规定：“高等学校在执行国家下达的任务时，尤其是在人事管理、经济管理、预算和财政管理以及医疗方面，必须接受广泛的监督。”这样，许多大学的自我管理权限便向国家管理权限转移了。❸在组织内部结构部分，作为公法人的大学，拥有制定章程权和自我管理权。《高等学校总纲法》第58条第1款规定：“高等学校在法律框架下拥有自我管理权。”第58条第2款规定：“高等学校制定章程，但需经州政府批准，审批受到限制时，应对限制审批的前提条件做出法律规定。”原则上，大学的自主管理权仅限于学术领域的管理，包括学习和教学领域、研究领域和大学成员资格和权利领域。❹原本由国家派驻到学校的特派员不复存在，改由大学自行设置行政总管机关，德国各邦大学法多以“总务长”（行政总长）称之，并纳编为大学行政主管组织。此种组织结构的改

---

❶ 周丽华. 德国大学与国家的关系 [M]. 北京：北京师范大学出版社，2008：125-128.

❷ http://www2.uni-frankfurt.de/43281596/history.

❸ 周丽华. 德国大学与国家的关系 [M]. 北京：北京师范大学出版社，2008：148.

❹ 胡劲松. 试析德国高等学校的自我管理权 [J]. 高等教育研究，2000（5）.

变，并未改变大学事务分为学术与非学术的事实，大学仍然兼具社团与国家机构双重性质。只是，国家对大学自治事项仅有法律监督权限，在国家事务领域，除法律监督外，另有专业监督权限。

根据1949年的《德意志联邦共和国基本法》规定，文化与教育为各邦自主事务。在高等教育部分，只有高等院校的建设和科学研究是中央与各邦的共同责任。德国大学营运运作受制于政府，通过双重管理制，对大学实行直接控制。首先，政府掌握着大学财务权、人事权和重大事务的决定权。其次，国家向各大学派驻专员管理学校事务，国家专业行政与学术自治并存，“二战”后发展成为单一行政，行政总管由大学自设。

德国的大学制度一直以来被视为国家行政管理和学术自我管理两个路径并行，形式上定位明确，但是内部却往往存在矛盾，尤其是大学整体自主显然不够，因此德国政府将扩大大学自我管理权和承担更多的责任作为改革目标，使政府对大学的财政拨款更为透明，让大学在此基础之上获得更多自治权，以提高自身的竞争力。

6.3.4　共同治理型的大学治理模式

共同治理模式在德国大学治理发展中也经历了产生、发展和成熟时期。从起源上看，共同治理模式产生于1948年的柏林大学。1948年，柏林大学部分教授与学生因不满苏联当局专制，另行建立柏林自由大学，由于学生在柏林自由大学设立时积极参与，建校后，学生顺理成章在大学会议中取得参与权、决定权。

而真正使共同治理模式发展起来的是20世纪60年代的“团体大学”改革运动。“二战”以后，德国的大学治理模式承袭了“洪堡传统”。但是由于工业化的发展和大学生数量的增加，这种治理模式的弊端也开始显现。大学忽视了社会的需求，纯学术性的学习难以适应未来职业发展。20世纪60年代后期，德国大学生掀起学潮，运动从柏林、法兰克福、弗赖堡开始，最后波及其他地区。大学生提出“平等化”口号，要求大学变更组织结构，完善理事会决策模式。同时，一些著名的学者如哈贝马斯提出了商谈理论，也推动大学生从参与高校内部管理模式转变为各团体成员平等参与决策的模式，这种决策组织模式主张教授、技术助理人员、学生具有平等的表决权。从此，德国大学从传统“教授治校”模式，转变为“团体大学”。1968年后，德国几乎各邦（包括汉堡邦、黑森邦、北莱茵邦、巴伐利亚邦、巴登-符腾堡邦与柏林邦）都颁布了各自的大学法，并采取了这种理念与治理方式。1976年颁布的《高等学校总纲法》第38条规定，理事会由四种成员组成：教授、学生、学术性辅助人员与非学术性辅助人员。1985年，新规定扩大了理事会的成员，除了师生员工和校外相关人士参与学校管理外，还增添了系主任加入大学理事会。

成熟时期的共同治理模式可以称为理事会型的大学治理模式。1988年，巴伐利亚所有高校都成立了高校理事会。这种理事会类似于美国的董事会制度。其成员来源广泛，有来自校外的代表，也有校内的如教师、学生代表。另外，曼海姆大学也成立了理事会，其主要作为监督机构。在这些大学中，值得一提的是法兰克福大学，它是唯一一所具有私立意义的大学。2001年，法兰克福大学由原来的重点大学改制成为基金会大学。黑森州每年的拨款与公民捐赠供给基金会，由基金会自主聘任教授并自主管理资金，大学的身份也从国家大学变成了市民大学。

6.4 美国大学的董事会治理模式

6.4.1 校外人士主导的董事会模式

美国最早成立董事会的高校是哈佛大学。哈佛大学是一所位于美国马萨诸塞州剑桥的私立大学，1636年由马萨诸塞州殖民地立法机关批准成立。1642年，哈佛大学成立董事会，负责大学的运营。哈佛大学董事会由校长和6名成员组成。成员大多是非哈佛人士，包括马萨诸塞殖民地的总监、副总监、财政大臣等，对哈佛大学的日常管理和运营提供指导和咨询。1650年，马萨诸塞州议会规定哈佛实行两院制的管理体制。哈佛在董事会之外成立了院务委员会（President and Fellows of Harvard College），又称哈佛大学法人（Harvard Corporation）。哈佛的董事会治理模式开创了美国大学董事会制度的先河，但其两院制在实践中并不十分有效。为了避免哈佛学院的这种双重管理造成监事会和“法人”之间矛盾和冲突，1701年成立的耶鲁学院采取了单一的董事会治理模式，把学院的管理权力集中在董事会手中。耶鲁的单一董事会治理模式成为后来许多大学所效仿的模式。耶鲁大学的董事会主要由校外人员组成，除了校长以外，还有原董事继承人、校友董事、康涅狄格州州长等。❶

6.4.2　教师主导型的董事会治理模式

美国建国之初，各地学院以宗教势力控制为主，后来州政府开始干预大学教育，将原有学院改为州立大学。《西北土地法令》标志着联邦干预教育的开端。通过土地法令，各州利用出售公共土地和其他收入建立了永久性的教育基金来发展教育。多数新成立的大学院校通过议会立法设立，佐治亚大学（1785）和北卡罗来纳大学（1795）是最早由州发起建立的大学。这些学校的所有权归州，学校从一开始起就有独立的理事会。“它们遵循着早期殖民地学院的传统。接受一定程度上的政府控制。并开创了独立公立学院的传统。”但是这种学校容易受州议会控制。如 1817 年成立的密歇根大学，当时议会决议设立并称为密歇根学院，却因为多次的议会重组，造成该学府办学成效不彰，所在州的居民认为系议会多次重组，阻碍了大学的快速发展，故而 1850 年时的新州法规定，这所州立大学的董事会，应由公开推选的董事所组成，董事会与州政府平级，而非附属于州议会之下。

1819 年，达特茅斯学院案之后，大学的自治权受到了法律的保护。1816 年，新罕布什尔州政府宣布将达特茅斯学院改为州立的达特茅斯大学，学院董事不服，起诉到法院，联邦最高法院 1819 年作出最后判决，认定达特茅斯大学为私立学校，其控制权属于董事会。达特茅斯学院案的胜诉，确立了学术法人自治权的坚实地位，这些都为大学治理制度提供了更为广阔的政治空间。

19 世纪初期，留学欧洲的归国学子将欧洲大学的办学理念带回美国大学，大学治理开始重视教师的权利。在迈亚·戴任校长主政（1817—1846）耶鲁后，❷ 耶鲁学院形成一种未经教授们的建议或同意，董事会不能做出任何决策

---

❶ The Yale Corporation By-Laws [EB/OL]. [2009-04-25]. http://www.yale.edu/about/bylaws.html.

❷ Kerr, Clark. The uses of the University [M]. Cambridge: Harvard university Press, 1982: 22.

的惯例。“教授会立法、校长同意、董事会批准”❶ 成为耶鲁治校的格言。

6.4.3 校长主导型的董事会治理模式

美国南北战争之后，工商业者的影响力越来越大，教会对大学发展的影响力下降。18 世纪末到 19 世纪初，产业革命的发展迫切需要各种实用人才，而当时高等学校轻视实用农业技术教育，造成农业技术人才短缺。1862 年通过的《莫雷尔法案》使大学的招生规模不断扩大，财政预算也变大，对校长的管理水平也提出了更高的要求。1910 年以后，美国大学逐步建立了以校长为代表的大学行政系统，校长开始由学术精英担任，他们积极活动，宣传自己学校的优势和特色，并且多方筹集资金。

6.4.4 共同治理型的大学董事会模式

20 世纪中期以后，由于多种利益群体共同参与了大学的治理，美国的董事会也开始由多元主体参与。“二战”后，联邦政府重视大学的科研，每年拨付高额研究经费，大学教授的权力也随之变大。20 世纪 50 年代，克拉克 · 克尔出任加利福尼亚伯克利分校第一任校长，他制定了共同治理的基本组织框架，加利福尼亚伯克利分校共同治理的初步框架是全美高校治理变革的开端。1966 年，美国大学教授协会（AAUP）、美国教育委员会（ACE）和美国大学董事会协会（AGB）联合发表《大学治理声明》，将大学治理定义为教师和行政部门的权力和决策责任分工，❷ 明确了董事会、校长、教师、行政人员、学生的地位。这份声明第一次明确阐述了大学教师学术权力。20 世纪 60 年代，黑人解放运动、和平反战运动、文化解放运动以及校园学生运动提高了学生参与的积极性和参与地位，学生开始参与了大学治理。Neave 认为现在的大学是多元主体的“共同治理”（Shared Governance），这些主体就是利益相关者（Stakeholders），所谓的教授治校（The Co-Called University of the Professors）已

---

❶ 陈宏薇. 耶鲁大学［M］. 长沙：湖南出版社，1990：24.

❷ AAUP. Statement on Government of Colleges and Universities. Retrieved March 3, 2010 from the World Wide Web：http://www.aaup.org/AAUP/pubsres/policydocs/contents/governancestatement.htm.

不复存在。[1]

奥尔巴尼大学的共同治理结构包括教师、专业人员、学生、大学理事会和董事会，该治理模式就是要在这些关键选区之间建立强有力和富有成效的伙伴关系。共同治理是一套原则和做法，通过这些原则和做法，这些利益相关者通过合适的方式参与决策的过程，从而影响大学的使命。共同治理的职责取决于利益相关者在决策过程中的充分磋商。共同治理并不意味着所有决定都是以协商一致的方式做出，也不意味着所有的想法都是有价值，并且能够执行的。相反，共同治理促进了利益相关者参与决策。

6.5　日本大学的董事会治理模式

自明治维新以来，日本建立了许多国立大学与私立大学。根据其治理模式的不同，大致可以分为教授主导模式、校外人员参与和多元利益主体参与的治理模式。

6.5.1　教授主导型的大学治理模式

1868年，日本进行明治维新，推行“富国强兵”“殖产兴业”和“文明开化”三大政策，学习和引进了欧洲国家的教育制度。1871年，明治政府设立了主管教育工作的文部省，统辖全国的教育事业，并对原来的大学进行改革。在大学管理模式上，效仿欧洲教授会治校的模式。

分科大学（学部）教授会通过不断完善，于1898年正式成为东京大学具备法律意义的管理机构。1913年，日本“泽柳事件”[2]爆发，这不但对日本高校教育有重大影响，在整个近代大学史上也有重大意义。该事件开创了教

[1] Neave, G. The Stakeholder Perspective Historically Explored [M] //J. Enders, O. Fulton (Eds.) Higher Education in a Globalizing World-international Trends and Mutual Observation. The Netherlands: Kluwer Academic Publishers, 2002: 17-38.

[2] “泽柳事件”是指泽柳政太郎总长上任不久，于1913年7月命令7名教授免职的行为遭到了以法科大学（学部）为首的教授们的反对。法科大学教授会做出“教授的任免应先经教授会同意”的决议后与总长进行交涉。在交涉失败后，该教授会于次年1月决定集体辞职，法科大学的学生也一致决定若不同意教授会的意见，就全体离校。政府迫于压力，最终同意了上述要求。参见陈学飞．美国、日本、德国、法国高等教育管理体制改革研究［M］．北京：教育科学出版社，1995：91.

授会决定教授的任免制度的先河，并施压日本政府，促进了 1918 年日本总长公选制度的建立，也巩固了教授会自治的管理体制。

这一时期的大学被称为帝国大学。帝国大学，英语直译为“Imperial Universities”，狭义上指明治维新之后到第二次世界大战前，日本在内地（本土）所设立的七所国立综合大学，广义上包括两所外地（殖民地）的帝国大学。1886 年，日本政府颁布《帝国大学令》，并将当时的东京大学改名为帝国大学。1897 年，日本成立京都帝国大学。此后，日本国内及其殖民地陆续设立九所帝国大学。1947 年，帝国大学改为国立综合大学后，日本本土的七所帝国大学的名字也去掉了“帝国”二字，但学制上仍保留旧制，到了 1949 年进行学制改革，1962 年废止旧制大学后，帝国大学就再也不存在了。

根据《帝国大学令》，校长由文部大臣任免和监督，大学内设立大学评议会。1881 年起，东京大学以及所有国立高校的教师都被赋予国家公务员的身份。1918 年，日本颁布《大学令》，更加强调国家思想的培养。此时，允许设立私立学校，但是控制甚严。政府控制着大学的人事、财政预算和学术事务等各项权利。1913 年，由于京都帝国大学泽柳事件，教授会在教师人事方面的权限得到了政府承认，1915 年，京都帝国大学进行了公开选举校长。[1]

6.5.2 校外人员参与的大学治理模式

“二战”后，日本以美国模式为蓝本进行高等学校体制改革。为适应经济迅速发展的需要，不断扩大高等教育规模，逐步提高办学质量，在 1951 年公布了《大学设置标准》后，形成了新的大学体制。1956—1973 年是日本高等学校大发展的时期，日本政府积极兴办巨型大学并鼓励财团兴办私立大学。但是，教育规模的改变并没有带来相应的治理结构变革，日本大学的治理模式依旧走德国的模式：为学术而学术，为研究而研究。20 世纪 60 年代后期，日本许多大学发生了学生运动，这迫使当局对大学治理模式进行反思，许多学校也开始尝试让学生参与大学管理，而真正进入改革的里程碑事件是日本筑波大学的成立。

1973 年 9 月政府通过《筑波大学法案》，创办新型大学的设想终于付诸

[1] 黄福涛. 外国高等教育史 [M]. 上海：上海教育出版社，2003：203.

行动，该法规定的大学的内部组织及管理体制充分体现了“开放化、灵活化、综合化、国际化”的办学原则。这种大学治理模式的主要特点是：

首先，由委员会取代原来的一长制的管理体制和教授治校。筑波大学废除了传统的学部—学科—讲座的组织体系，以学群为教育组织，以学系为研究组织。不设立教授会，建立了由基层教员会、学群教员会及全校教育审议会组成的一元化的三级领导体制。其次，将大学管理的分权制改为集权制，增设了副校长，在委员会的基础上设置了学校最高权力机构——“评议会”，成员由五名分管教育、研究、总务、医疗、生活指导的副校长组成，加强了学校一级的决策和行政权力。最后，为加强大学与社会的联系，筑波大学设立了参与会，让校外人员参与学校管理，负责审议大学运营的重要事务。

为了筑波大学的改革，国会还修订了《学校教育法》《国立学校设置法》《教育公务员特例法》等相关法律。随着改革的进一步推进，长冈技术科学大学、丰桥技术科学大学和一批单科医科大学也追随着筑波大学的步伐，按筑波大学的治理模式来重构新的大学治理模式。

6.5.3　多元参与的大学治理制度

20世纪90年代以来，随着人口的负增长、高等教育内部问题的增多、世界经济环境的变化，小泉政府采取了一系列政策措施，以推动日本大学管理体制改革。

1999年，日本国会通过了《独立行政法人通则法》。2003年通过的《国立大学法人法》，解除了大学在预算、组织和人事等方面的限制。日本国立大学治理结构采取法人制度的主要特点是：

第一，引入董事会制度，建立和完善决策机构。董事会包括校长、董事（根据法人的情况确定具体名额）及监事（两人）。校长任董事长，管理学校各项事务，是法人大学的最高责任者和大学法定代表人，拥有大学的实际经营权；董事由校长任命，其中必须包含校外董事；监事由文部科学大臣任命。校内分别成立经营协议会，负责审议国立大学法人有关经营方面的重要事项。

第二，提高研究水平，成立教育研究评议会。评议会负责审议国立大学学术事务。教育研究评议会的构成人员包括校长、由校长提名指定的董事、学部长和教授代表等，参加教育研究评议会的教授代表由各学部教授会互选产生，任期二年，校长任教育研究评议会会长。日本国立大学的校长由教育研究评议会和经营协议会提名，校长选考会（由校内外代表组成）选举产生，任期为五年。

第三，教职员的身份向非公务员转变。通过国立大学法人化改革，日本国立大学的校长权力得到了加强，原来由文部科学省掌管的国立大学教职员的雇佣、解聘等人事权力都改由大学校长来掌控。

6.6 现代大学治理体系与治理能力关系的比较与启示

各国大学治理模式的制度变迁，反映了内外部治理体系通过三大机制影响大学董事会的治理。大学治理模式中，有时教师控权，有时校长控权，有时外部人士控权，都反映了不同时期下大学的治理关系。大学的学术权力和行政权力这一对矛盾在权力的运作中发展，在动态中实现权力制约。

纵观现代大学治理模式的制度变迁，先后经历了中世纪的大学治理、法国的大学治理模式以及美国的大学治理模式。从教学型、研究型再到社会服务型，大学的治理功能也在不断发生变化。从形式上看，这是大学治理体系的更替，而实质上是治理体系的内外部权力关系发生了变化。

第7章

我国大学治理体系的演进历程与发展现状

7.1 我国大学治理体系的演进历程

中国现代大学治理体系的建立与发展，既对中国传统书院治理制度、近代西方大学治理体系有借鉴，也是新中国初期对苏联大学治理体系的移植。改革开放后中国大学治理体系也进行了一系列有益的探索。

7.1.1 古代书院的治理制度

我国古代没有形成西方培养人才的大学模式，不过古代的大学一般被认为是书院。书院是唐宋至明清出现的一种独立的教育机构，是私人或官府所设的聚徒讲授、研究学问的场所。最负盛名的是衡阳石鼓书院、江西白鹿洞书院、湖南岳麓书院、河南应天书院，合称中国古代四大书院。按邓洪波的看法，我国古代书院存在着董事会制度，这是不争的历史事实。董事会依书院章程成立，这种制度是土生土长的管理体制，具有民主的现代基因。[1] 另外，清末由中西共同捐资建造的格致书院也成立了董事会，书院的管理权不在官府，而在董事会。书院按章程运营，诸如财务管理、改选董事、聘请山长、延请教师、更改章程都需要经过董事会批准。[2] 据此，我们可以得出，当时的大学治理制度有内生的，也有移植进来的。

早期书院治理也是通过章程表述教育理念的。朱熹的《白鹿洞书院学规》提出了明义理、修己身的教育理念，因而获得了王阳明“夫为学之方，白鹿

---

[1] 邓洪波. 古代书院的董事会制度 [J]. 大学教育科学，2011 (4)：6-9.

[2] 郝秉键. 上海格致书院及其教育创新 [J]. 清史研究，2003 (3)：85-96.

之规尽矣”的高度评价。[1] 之后的《临津书院章程》《象山书院章程》《诗山书院章程》都对办学理念做出了规定。

从严格意义而言，早期的书院治理制度并非现代大学治理制度。但是现代大学的治理制度也是在传统书院治理模式上发展起来的，而不完全是西方模式或苏联模式的简单翻版，尤其是在传统理念、教学方式方法上，传统的治理模式依然主导了大学治理模式的发展。

7.1.2 民国时期的大学治理制度

自1905年科举制度被废止，中国走向现代高等教育发展已百年有余。民国初期，大学治理制度是在摒弃传统文化与旧教育的浪潮之下建立的。1927年之后，国民党政府以前阶段大学校园的失序为借口，独尊三民主义教育思想，逐步强化了国家控制。

民国时期，我国的大学治理结构，从德国的评议会模式转向教授与行政机关融合的校务会议模式。由于受美国教育影响，不少大学成立了董事会。私立大学和公立大学，都曾建立了董事会制度。1913年，北洋政府公布的《私立大学规程》和1926年广东国民政府公布的《私立学校规程》《私立学校校董会设立规程》对董事会制度做了规定。当时据此建立董事会制度的私立高校有暨南大学、云南大学、南开大学、厦门大学、复旦大学、上海美专、无锡国专、立信会专。1938年，延安鲁迅艺术学院也成立了董事会。1922年3月，暨南大学成立董事会，所聘请的大学董事皆为教育界和侨务界卓著声望的人士。复旦大学的前身复旦公学在辛亥革命后也成立了董事会，著名的董事有孙中山、于右任等，其董事分为名誉董事、评议董事、顾问董事。

民国时期，由于军阀混战，公立学校的教育经费难以保证，北大和清华都成立了大学董事会。1917年9月，清华大学成立了清华大学董事会，董事会完全为外交部官员，其职权主要是筹集办学经费和进行财务核算，不具体参与学校行政事务。[2] 1923年，在蔡元培的倡议下，北京国立八所高校成立

---

[1] 乔继叶. 大学章程要素的比较研究［D］. 上海：上海师范大学，2012.

[2] 清华大学校史研究室. 清华大学史料选编（第一卷）［C］. 北京：清华大学出版社，1991：248-249.

董事会，筹集经费，保障大学自主办学。但是，近代公立大学董事会制度的引入并不是很成功。1922 年，清华大学改组为三人董事会，学校董事会成为学校治理的最高权力机关，校长的权力被削弱。由于在当时的条件下，大学的社会职能没有受到重视，董事会与校长的权力发生冲突，最后导致了废除董事会运动。张正峰认为，由于近代中央政府非常强势，不允许其他力量控制大学，董事会的成立不仅没有界分政府与大学活动范围，反而导致外部势力严重干预大学事务，损害了大学自治和教授治校的原则，由此引发了教授们抵制董事会的活动。[1]

清末民初，《京师大学堂章程》是现代意义上我国第一个大学章程。民国后，《北京大学章程》《厦门大学大纲》《北京师范大学组织大纲》奠定了大学自治制度的基础。

7.1.3 中华人民共和国成立后的大学治理制度

1949 年中华人民共和国成立后，我国的高等教育体制引进和复制了苏联的教育体制，原本建立起来的大学董事会被一一解散。政府是高校的办学主体，以中国人民大学的模式，建立了中国的教育管理体系，并加以推广，这一时期主要是接收、改造高等教育学校以及根据国家经济建设的需要新建高校。

1952 年，政务院借鉴苏联模式，通过院系调整合并，强化了党的领导和政府办学的主体地位。

1949 年以后，政府的大学治理方法是集中有限的资源建设重点高校。1954 年，高等教育部发文以指定的方式把北京大学、清华大学、中国人民大学、哈尔滨工业大学、北京农业大学和北京医学院六所院校列入全国重点高校行列。经过数次调整，重点高校数量达到 1978 年的 88 所。就外部治理而言，这个时期的大学治理制度和治理模式主要受行政权力影响，很少涉及学术权力的影响。就内部治理而言，代表校长负责制、校务委员会负责制、党委负责制不一而足。在计划经济体制下，管理者、举办者和办学者并无明确

[1] 张正峰．中国近代公立大学董事会制度：一次失败的美国大学制度借鉴［J］．清华大学教育研究，2009（6）：113-117.

区分。

7.1.4 改革开放以来的大学治理

改革开放以后，我国高等教育进入拨乱反正时期。中央政府统一领导、中央与地方两级管理的模式重新恢复。1985 年 5 月，中共中央颁布《关于教育体制改革的决定》，对中华人民共和国成立以来教育工作中“左”的思想进行了反思，提出了提高民族素质，多出人才、出好人才的改革目标，高校办学自主权开始进入人们的视野，指明了高等教育改革方向，进一步扩大了高校办学自主权。1998 年，国家颁布了《中华人民共和国高等教育法》，以法律的形式，明确了我国的大学治理结构，规定了国家举办的高等学校实行中国共产党高等学校基层委员会领导下的校长负责制。1998 年以来，由于高等学校的规模性扩张，高等教育大众化的普及，为了适应高等学校新的发展趋势，全国高校不断完善学校治理结构，研究基于现代大学制度、章程的大学治理结构。截至 2016 年 5 月 30 日，全国高等学校共计 2879 所，其中普通高等学校 2595 所（含独立学院 266 所）。

改革开放以来，我国进行了教育体制改革，原先解散的大学董事会又逐渐恢复。1978 年，暨南大学恢复了董事会制度。1987 年，汕头大学率先成立了大学董事会。紧跟其后，华北电力大学、中国矿业大学等一大批敢于尝试的高校，率先成立了董事会。与此同时，我国高等教育体制改革也不断深入，这大大刺激了各大高校的变革。各大高校为了更好地适应社会要求，使学校得到更好发展，纷纷成立了董事会。这一系列的变化，加大了优化高校治理结构的幅度，进一步完善了高校内部治理模式。

我国大学董事会制度的恢复与发展，也获得了国家政策和法律的肯定与支持。《中华人民共和国高等教育法》《中国教育改革和发展纲要》等法律法规对此做了规定。1994 年，中华人民共和国国家教育委员会在《关于国家教委直属高校积极推行办学与管理体制改革的意见》提出了组建由地方政府、企业集体、科研单位及社会各界参与的大学董事会。[1] 2010 年 12 月，国务院办公厅下发《关于开展国家教育体制改革试点的通知》，26 所部属高校开展

[1] 吴高臣. 董事会：公立高校治理结构的改革 [J]. 中国行政管理，2011 (11).

了大学章程改革试点工作。从高等教育法律法规颁行到大学章程试点、民办高校董事会制度的建立再到公办学校探索董事会治理模式，这反映了我国高等教育为了适应国际高等教育发展的需要，在政策、法律和实践上都开始探索新型的大学治理模式。

21 世纪是全球化的时代，从农业时代、工业时代再到信息时代，大学治理面临着许多新的挑战。政府通过"211 工程""985 工程""双一流建设"加强了大学治理效能，项目制成为大学治理的主要方式和重要工具。

7.2　从董事会制度看我国大学治理体系的变革

7.2.1　董事会的地位

从已经颁布的大学董事会章程来看，我国绝大多数公立大学董事会是大学筹集资金的一种组织形式。如在《中国政法大学董事会章程》总则中，把大学董事会定性为：校董会负责对学校发展战略规划、学科建设、人才培养、科学研究及社会服务等重要事务进行咨询、指导和评议，是学校与董事单位建立和发展长期、全面、紧密合作关系的组织形式，代表学校与政府机关、企事业单位及社会组织开展沟通与联络，致力于社会服务与人才培养，筹措学校教育发展资金，支持学校改革与发展事业。[1] 相比而言，中国政法大学的大学董事会具有一定的治理权力，不过这些权力也只是停留在学科建设、人才培养和整体规划的建议权，这里的大学董事会不具有最高的治理权，无权选任大学行政领导，也没有权力决定教授的去留和学科专业的设置。也就是说，中国公立大学董事会一般不是大学最高权力机构。例如，南京大学、江南大学的董事会为学校非行政常设机构，西北大学的董事会是合作办学的组织形式。2006 年 11 月修订的《暨南大学董事会章程》规定，暨南大学董事会是一个协助政府办好大学的组织。

另外，中国没有一部法律条文对公立大学董事会性质进行明确法律定位。1998 年通过的《中华人民共和国高等教育法》没有规定"董事会"的内容。

[1] 中国政法大学董事会章程［EB/OL］. http://xxgk.cupl.edu.cn/info/1027/4052.htm.

由此，公立大学即便成立董事会，也不能赋予其决策权、人事权和财务权。因此，无论理论界还是实务界，大学董事会也只是高校与社会联系的一种方式，多数董事不可能参与学校管理。所有公立学校的董事会制度都要坚持党委领导下的校长负责制这一基本的制度安排。

7.2.2 董事会的内部组成

我国公立大学董事会成员除了自然人之外，还包括大量组织。例如，某些大学董事会将知名企业、省政府及其有关职能部门选为“董事单位”。例如，《西北大学董事会章程》第八条规定：西北大学董事会董事长由陕西省省长或主管副省长兼任，副董事长、常务副董事长、正副秘书长由董事会协商推举产生。[1] 江南大学董事会的组成是：（1）海内外知名人士、著名学者、政府官员和企业家。（2）国内外自愿捐助江南大学办学的组织代表和个人。（3）国内外高校代表。（4）江南大学校友代表。（5）江南大学代表。南京师范大学的董事会成员有企业、事业单位、政府部门、高等院校、科研单位、海外基金会和财团以及私营实业家等，只要出资办学就可以获得董事会成员资格。中国政法大学董事会的组成是：（1）社会知名人士、著名专家学者和杰出企业家；（2）国内外出资捐助中国政法大学办学的组织代表或个人；（3）国家及地方党政部门的负责人；（4）中国政法大学校友代表；（5）中国政法大学代表。这些“董事”作为“单位”，没有时间和精力来参与董事会有关活动，其履行职能的能力也大打折扣。

7.2.3 董事会的运行机制

我国大学董事会的职能归纳起来，一般包括：为学校的发展建设提供经费、物资或政策优惠等支持；根据董事会的需求，对学校的学科建设、人才培养规格和整体规划提出建议；通过多种形式和途径向国内外宣传大学，扩大学校影响，提高学校声誉；介绍和推广大学在教学、科研、产业及管理上的成果；为学校提供各种信息，促进学校与国内外各界的广泛接触和联系；在同等条件下，优先向大学委托研究课题、技术攻关项目及有偿培训项目，

---

[1] 西北大学董事会章程［EB/OL］. http://mainpage.nwu.edu.cn/unit/ufzb/aboutus/xddshzc.htm.

为大学的教师挂职锻炼、教学、科研，以及为学生实习、社会实践活动等提供信息、基地和其他优惠条件。从以上条款中可以看出，我国大学董事会试图成为一个集出资权、决策建议权、项目管理权于一身的实实在在的治理机构，但从中也能看出中国公立大学董事会制度没有聘用校长、聘任或开除教师、决策学校事务等更多的“实权”，很大程度上，它只是作为董事单位与学校建立发展、合作关系的纽带，作为学校、产业部门和政府管理机构进行沟通、交流的平台。中国人民大学董事通过制定“董事会章程”以及“章程执行细则”“议事规则”等配套制度支撑和约束大学的运转。为了提高联络效率，专门在董事会中设置秘书处作为董事会常设办事机构，配备专职工作人员和董事们保持经常性联系。中国政法大学以基金会和董事会为“两翼”，积极探索构建以社会服务专家咨询委员会为载体的社会服务平台。基金会和董事会既相对独立，又协调合作。在基金会和董事会引进各类资源的基础上，通过社会服务专家咨询委员会为学校协同创新出谋划策、牵线搭桥，推动学校教育资源与社会科技、经济、文化等的紧密结合。华中师范大学探索实行审议型董事会（或理事会）运行机制，这种治理模式下，董事会具有一定的决策权，董事会对学校重大发展战略进行审议后由学校党委全委会形成最终的决议。

7.3　我国大学治理模式存在的问题和面临的挑战

7.3.1　我国大学董事会制度的法律框架

在现有的法律框架下，公办大学董事会的法律地位不明确，不具有相应的治理权力。虽然《中华人民共和国高等教育法》鼓励企事业单位、社会团体及其他社会组织和个人向高等教育投入资金，但是对于这些利益相关群体的权利并未给予应有的考虑，从而也没有对董事的权利义务做出明确规定。由此，董事会成员之间的权力分配及各自的责任比较模糊，只能按照董事会章程办事。而董事会的章程由于受制于法律规定，也不敢突破当前法律所规定的大学董事会地位和职权。虽然大学在治理过程中，不同的董事代表不同利益群体，但是章程中只罗列了许多义务和责任，很难保障董事的权利。因而传统的治理理念，影响了决策者对董事会的法律地位的基本认识。

7.3.2 我国大学治理体系的外部影响因素

我国大学治理中存在着管理层次错位等问题，主要表现在以下几个方面：

1. 行政权力干预较多

从改革的趋势上看，政府开始运用法律与经济手段对大学进行管理。但是政治权力对大学的影响还很深，政府与大学之间的界限不分明。虽然大学是名义上的法人，但是大学还未具有完全的人事权、财务权和学术权。所以，在政府与大学关系上，第一层面要保障大学的学术权。第二层面涉及的必然是人事任免权。除了高层管理者的人事任免，还有教师的任命或聘任。从前面的分析看，大学教师的任用有两种模式，一种是德国的公务员模式，另一种是美国的司法聘任制模式。关于教师的身份，我国可以确定其不是公务员的身份，因而不适用公务员法的任用和待遇资格等人事制度。按照学术自由和大学治理的原则，与学术相关的人事制度也应该由大学制定。大学想用什么人，从事哪方面的教学与研究，给什么待遇，应该由大学自行决定。只有政府对大学的人事进行松绑，大学才能真正做到学术自由。在财务权方面，除经费来源之外，还有经费的使用和管理。而大学经费分配如果设计不当，必然影响师生对教育资源的运用。

2. 市场机制未得到充分的发挥

大学虽然是非营利组织，但是在符合教育目的的情况下，还是可以进行必要的理财。在知识经济时代，大学的发展意味着国家实力的提升。但是教育理想的实现是要有雄厚的财政实力来支持的。放眼世界，财政困难困扰着世界各国的大学发展。20 世纪七八十年代以后，福利国家也面临着财政危机等问题。对于大学来说，开源节流是解决财务危机的最佳策略。从教育市场化角度看，学生与家长成为需方，而学校、教师及相关教职员工则是供方[1]。教育市场化的倡导者弗里德曼（Milton Friedman）认为通过家长选择与学校竞

[1] 蔡姿娟. 学校选择权在教育市场化下对义务教育的冲击 [J]. 教育资料与研究，2003 (52)：55-61.

争这两个市场机制，可以解决公立学校多年以来难以去除的流弊[1]。主流观点对教育产业化的论调批驳得“体无完肤”，但是大学的经营问题始终没有解决，恰当地运用市场机制，解决大学运营问题，或许是未来的发展方向。

3. 制度变迁的路径依赖

首先，是对原有制度的依赖。我国长期以来形成的大学治理结构在短期内很难改变，大学董事会想要成为大学治理结构中的决策机关存在着制度的障碍。在新旧大学理念交替和新旧大学制度碰撞的过程中，必然会产生各种冲突。大学作为一个下级机关，依照科层组织的惯例，许多事务必须向上级请示。公文往返，耗时耗力，因此很难适应外界的变化。而实际上，最大的限制还是宪法的限制。大学组织的变革，必然带来合宪性的讨论。大学董事会制度的功能、组织与人事、实质与内容的民主正当性都要经受宪法考验。

其次，心理文化所导致的路径依赖。在我国过去建构起来的庞大的体制下，大学一般作为公部门，在很大程度上取代了私部门的任务。而在全球化的竞争时代，引入董事会治理模式，会使原有体制下生活的人难以接受改变的目标。另外部分人官僚化的人格也不利于学术气氛的营造。大学里存在着上令下从、迎合推诿的风气，而一定程度上影响了学术自由的环境。

最后，我国改革方式的路径依赖。新制度经济学根据制度变迁主体的不同，把制度变迁划分为诱致性制度变迁和强制性制度变迁。强制性制度变迁是通过政府的命令和法律强制性推行来实现的；诱致性制度变迁是由个人或群体在争取获益机会时，自发地对现有制度安排进行变更或替代的行动，制度变通是制度执行者在未得到正式准许之前，自行改变原有制度中的某些部分，使其形式仍与原制度保持一致。

7.3.3　我国大学治理体系的内部影响因素

董事会的内部治理体系包括学术权力和行政权力。从当前我国大学内部权力来看，存在着内部行政权力独当一面的局势，而由教授行使的学术权力日渐式微。行政权力之间也存在着党委会和校长之间的责、权、利关系不清，

[1] Friedman, M. Capitalism and freedom [M]. Chicago: University of Chicago Press, 1962.

权力重叠、权责不分的问题，这直接影响了大学运行效率，在实践中，有时会造成两个一把手的冲突。[1]

对于大学内部民主的部分，现行的高等教育法律法规规定大学最高决策单位是党委会，这样参与大学决策的人员来源有限。学生代表在校务会议中民主决策需要完善和补充。教育的民主，从治理的角度看就是参与的程度。这意味着教育政策的产生和实现都需要有相应的利益主体参与，也只有这样，才能真正实现大学的学术自由。至于民主制的模式，学者的论述各有千秋，“联合民主”的影响力颇大。而我国学者则提出了回应型政府，以求通过政府治理模式的转型来实现社会的民主。

[1] 秦惠民. 我国大学内部治理中的权力制衡与协调——对我国大学权力现象的解析 [J]. 中国高教研究，2009 (8).

第8章

我国现代大学治理体系和治理能力现代化

对我国的国家与社会关系进行分析，学界有两种分析方法，一种是分离论，另一种是融合论。分离论运用市民社会和法团主义理论来支持社会对国家的制约权力交换，认为国家与社会是相互分离的。[1] 对于融合论，康晓光等人用“行政吸纳社会”的概念来描述和解释中国当前社会领域的变迁，认为中国成功的经验是国家采取“社会的方式”进入社会，在行政吸纳社会的体制中，国家与社会不是分离更不是对立，而是相互融合的。但是这些理论只解释了国家对社会的控制，并不能解释社会的发展逻辑。当我国要从一个人力资源大国转向人力资源强国时，我们就有必要思考，大学发展的逻辑是什么？国家对社会的全面控制的负面影响是什么？

我国改革的第一步是从经济领域开始的，经济领域的成功极大地提高了我国在世界上的地位。然而改革一旦启动，就要按照自己的逻辑进行下去。我国改革的进一步发展，需要有新的动力，这些新动力有赖于经济领域和社会领域的自治性的提高。在经济领域和社会领域成功之后，再致力于公共权力的变革。因而，大学的变革，正是应运这样的改革发展逻辑和趋势，大学董事会制度的建设和发展也要符合这样的逻辑。

8.1 我国大学制度优势转化为治理效能的设计

8.1.1 当前我国大学治理面临的挑战

我国正处于全社会、全系统的大变革中，要求和呼唤教育系统进行深刻

[1] 张静. 国家与社会：编者的话 [M]. 杭州：浙江人民出版社，1998.

变革，经济驱动模式的转变要求教育驱动模式的转变。我国高等教育的主要矛盾是经济社会发展的多样化需求与高等教育的少样化供给之间产生的结构性矛盾。我国高等教育的主要问题是同质化问题较多，包括办学定位的同质化、专业设置的同质化、课程体系的同质化、教学模式的同质化、考核方式的同质化、评估方式的同质化和治理体系的同质化。这产生了很多问题：(1) 部分高校之间存在不良竞争；(2) 有些高校资源利用效率低和资源浪费；(3) 高校发展与社会需要结合不紧密。可以说，“去同质化”是当前我国高等教育面临的关键任务和未来高等教育改革的新常态。

8.1.2 我国大学治理所处的机遇期

随着当代科技的迅猛发展，5G、物联网、云计算、大数据、人工智能正在颠覆传统产业，使得细分、跨界、融合、创新成为经济社会发展的代名词和主潮流，教育信息化也在快速发展，“教育业务数字化，数字教育业务化”即将到来，届时教育的边界将真正被打破，与一切社会资源的融合即将到来，“凡是有利于育人的都将成为教育方式”，高等教育的自我颠覆很可能是未来的主旋律。

当前，新一轮科技革命和产业变革与我国加快转变经济驱动方式形成历史交汇点，教育改革“深水区”与人民对教育多样化、高质量的需求形成历史交汇点。从历史上看，在大变革期，很多传统企业、行业都会被颠覆，同时也会产生一些以新型生产力为代表的新型企业、行业。这种历史经验在教育系统中同样适用。因此，民办大学在市场化的大背景下，要有学校经营理念，将机制和资源优势转化为质量优势、教育服务优势，打造学校品牌，才能在市场上站稳脚跟，吸引优秀教师和优秀生源，进一步促进学校从办学机制、办学条件和办学规模的竞争转化为质量竞争、特色竞争和品牌竞争。

大学不仅要提升自身的竞争力，还被赋予了更多的国家发展的主要动力。我国享受了多年的人口红利，接下去要享受的是工程师的红利。美国国家科学基金会的数据显示，2008 年美国一共发表了将近 40 万篇学术文章，而当时中国发表的文章数接近 25 万篇。到了 2018 年，中国发表的文章达到了 52 万篇，超过了美国的 42 万篇，成为全球第一。印度排名第三，印度的发表数量是 13 万篇。欧盟作为一个整体，一共发表了 62 万篇。在过去的十年中，全球在科学和工程领域发表的文章数每一年的增长速度是 4%，而中国在这个领域发表的文章数量增长速度是 8%。未来十年，我国将越来越多地享受到工程师红利。

8.1.3　国家治理与优势大学治理效能的转换模型

大学治理是国家治理体系的一部分，既体现了国家治理本身的现实性需求，又运用了国家治理的优势和工具来满足自身的治理需求。对国家治理优势因素的有效整合与吸纳处理，促成了大学治理体系现代化发展的内在转换，进而在实践中实现对大学治理能力现代化的具体性产出。在此基础上，大学治理体系通过系统性的反向调节作用，实现对制度的进一步优化和完善。在大学内部治理体系和外部环境的互动下，现实需求又成为大学治理发展动力的根本源泉，保证国家治理优势与大学治理效能之间实现有效转化。

在这一治理体系的模型中，大学治理主体不断将国家治理的理论性、制度性、文化性、道路性优势因素纳入自己的系统，为确保大学治理体系的有效运行提供了主体性保障。民主参与的社会优势因素又为推进大学治理体系的有效运行提供了辅助性支撑，历史性、文化性优势因素成为大学治理的价值支持。

具体而言，大学治理要发挥国家治理优势中的领导优势、民主优势和文化优势。

其一，中国共产党治理主体的领导优势。我国宪法确立了中国共产党的领导地位。中国共产党的领导是中国特色社会主义最本质的特征，是中国特色社会主义制度的最大优势。❶ 中国共产党的领导优势，包括执政优势、理论优势和文化优势，可以切实转化为治理效能。在我国大学党委领导下的校长负责制这种治理结构，能够保证大学和国家的目标保持一致，也有利于形成统一的动员机制。

其二，人民群众参与国家治理的民主优势。人民群众在国家治理体系内部的主体地位决定了其在推进中国特色社会主义制度优势转化为国家治理效

❶ 祝灵君. 党的领导：中国最大的国际竞争力［J］. 新华文摘，2017（17）：11-13.

能过程中的重要作用。在国家制度运行环境的良好营造、制度认同的社会建构等方面，人民群众的参与起到关键性因素，不仅有助于党和政府及时发现问题并解决问题，亦可通过自身参与推动制度体系合理化、有效化、规范化，从而为确保制度优势转化为国家治理效能提供社会动力与社会保障。如在生态建设领域，改革开放以来，人民群众参与生态治理的积极性不断提高，参与方式也不断走向多元化，不仅极大地凝聚了生态治理的价值共识，也在客观上进一步推进了我国生态文明制度体系的优化。正是在参与过程中，人民群众的幸福感不断获得提升，制度的社会认同感也不断得到增强。在这一模式下，作为社会参与主体，人民群众通过不断将治理体系融入制度运行的社会性优势因素，使国家治理的业务平台通过政治吸纳和内部整合实现治理产出，以达到进一步提高国家治理效能的根本目标。

其三，中国治理的历史文化优势。中国治理的历史文化优势对现代大学治理体系有很重要的意义。国家治理的历史、文化底蕴对大学的精神、制度、物质、行为等维度都有很好的推动作用。中国大学的治理与制度创新，可以借鉴国外大学治理的经验，但是应该明确中国大学治理应该考虑基本国情与文化根基，必须建构一套中国特色的大学治理话语体系。将中国治理的历史文化优势嵌入大学治理过程之中，形成一个基于大学利益相关群体价值共识的文化治理模式，实现大学治理价值的有效统一。大学治理的特色就是文化治理，是大学文化价值和大学精神的重塑与再建。文化治理是大学内部治理能力现代化的内在逻辑，也是治理能力现代化的政策工具。[1] 大学文化治理模式的构建，促进了我国大学治理能力现代化。

我国大学治理在借鉴国外成熟经验的基础上，通过不断深化高等教育改革，突出自身治理的优势和特色，逐步从亦步亦趋的“模仿借鉴”阶段走向不断创新的“超越引领”阶段，构建有中国特色的大学治理结构与治理模式。

---

[1] 吴立保. 大学内部治理能力现代化的文化逻辑［J］. 中国高教研究，2020（5）：59-65.

8.2　我国大学的外部治理

8.2.1　建立现代大学法人制度

大学法人制度是大学董事会的法律基础，各国的大学董事会都是建立在法人制度基础上的。我国1995年颁布的《中华人民共和国教育法》和1998年颁布的《中华人民共和国高等教育法》都明确规定设立学校必须有章程。2011年，教育部通过的《高等学校章程制定暂行办法》，对章程的内容、制定程序、核准与监督做具体的规定。通过章程来规范大学与政府、社会以及其内部关系。大学章程不只限定了政府干预大学事务的边界，也要求大学按章办学，规范内部权力运作机制，使大学治理走向法治化，真正履行自己的职责和承担相应的责任。

但是，我国大学的治理模式是行政主导型的治理。行政主导型的大学治理模式并没有完全落实大学法人相关的权利和义务，只是大多数大学在外环境和内环境发生变化时的一种本能反应，并不是从政府层面进行了大学制度的改革，难以从根本上解决大学治理的种种问题。而大学董事会治理模式目前还处于探索阶段，实证分析显示目前我国大学董事会型法人治理模式改革的效果不一。另外，我国法治化进程的速度、社会第三方监督力量的发展等方面的因素制约了此种治理模式的效果发挥，因此，实行董事会型法人治理的外部条件还不成熟。

我国的高校改革走的是扩大高校自主权的道路，而不是一步到位的法人化改革。相比较而言，两者都有各自的优点和缺点（见表8-1），而全面法人化改革的风险在于需要相应的配套措施，在时间和空间上没有回旋余地。主张逐步推进的观点认为，公权力采取什么样的结构形式，绝不能一刀切，而应该由政府来决定。[1] 如果借鉴法国改革的经验，我们就会发现，即便是集权的管理方式，通过政府对高校的放权，也能保证大学的学术自由传统不遭破

---

[1] 方流芳. 从法律视角看中国事业单位改革：事业单位“法人化”批判［J］. 比较法研究，2007（3）：1-28.

坏。不管公立大学是否为公权力结构的一部分，传统的集权管理已经无法应对社会的急剧变化，科层机制在组织中也会失灵，如激励作用下降，组织成本上升。政府管理方式需要做出相应的变化，要对社会的变化做出回应，否则也会在国际竞争中失去优势。

表 8-1　高校自主权与大学法人化对比

改革方案	扩大高校自主权	大学法人化
改革目的	大学自主定位，提升国际竞争力	
改革策略	先试点，再普及	一次到位
法律规制方式	行政规章	立法或修订高等教育法
方案优点	国家进行宏观管理时，可以有选择性地支持高校，试点学校参与积极性高	全面推进，避免学校差别化待遇
方案缺点	试点推动，无法全面落实大学改革	涉及国有资产、去公务员化等配套制度的改革问题，各校参与的积极性不高
财政支持	项目化改革	财务独立

从我国大学与政府的关系看，两者之间的联系就更加紧密了。这些年，政府在大学治理制度上也做了很多有益的改革探索，政府逐步向高校开放了一些资源使用权、资源控制权和资源配置权。从“211 工程”“985 工程”再到“双一流建设”，都表现为政府的资源控制权，其优点是效率高、成效快。其弊端是缺乏广泛的社会参与，会脱离社会需求。高校与市场、社会深度互动才能提高高等教育的质量和有助于高等教育强国建设[1]。从张浩正的研究观点看，“211 工程”是一种“类市场化治理”模式，通过分级治理的制度框架，中央政府的政策意图体现在了大学治理中，即实现中央统一管控，实现分权自治的理想目标。[2] 而项目制的弊端是项目的权力寻租、项目建设的“马太效应”、大学治理权力减损等。

很显然，随着改革的进一步深化，我国可以通过制定《大学法》，明确政

[1] 吴伟．高校与社会深度互动才能对真正的“受众”负责［J］．教育家，2018（47）：12.

[2] 张浩正．项目制：“类市场化治理”模式实施的重要工具——以 H 大学“211 工程”建设为分析案例［J］．高教探索，2020（1）：11-16.

府与大学的基本关系，逐步确立大学法人化地位。一方面政府与大学管理分权，另一方面政府还要向社会放权，促进现代大学制度的建立。

8.2.2 实现外部人士参与的共同治理

20 世纪末，我国高等教育渐渐迈入教育市场化时代。高等教育的市场化，促进了高等教育的一系列变化：（1）优质生源大战进入了白热化状态，各大高校为了在生源大战中占据优势，更加强调自己的品牌效应；（2）作为生源大战的后续，师源大战也逐步开演，各大高校以各种优厚条件挖掘学术超星，借助学术超星的影响力来提高本校品牌价值和社会声望；（3）原先纯粹的学术研究也悄悄发生变革，一定程度上存在利益当先的风气，有些高尚的学术思想成了有价商品。在这样的教育市场化形式下，文科一改往日半壁江山的格局，逐步走向衰弱。❶ 不仅如此，作为公共部门，大学也受到了新公共管理思潮的影响，私有化、法人化、放松管制、问责等成为大学治理的主题。这一趋势的特点是高等教育的公共经费投入减少了，大学与工商界的合作加强了，私立教育发展了。❷ 教师聘任、服务外包等不断地改变着大学的组织边界，也改变了大学治理结构。校外人士进入大学理事会，能引导大学与社会发展形成密切的联系。

1968 年后，法国大学改革的总体方向是实现大学治理的自治、多元参与。大学理事会成员不仅有校内人士，也有工商业界人士、社会名流、政府官员等社会知名人士，他们代表社会各界的不同利益。大学的治理机构要能够代表社会各界的利益，使学校能够建立符合市场和社会需求的灵活办学机制。

发展到今天，英国的大学董事会制度，无论传统的大学董事会制度还是 1992 年后的大学董事会模式，学校的董事会乃至评议会都由各方成员组成。❸ 大学招生人数激增，大学竞争日趋激烈，这一切都促使大学董事会成员构成呈现出世俗化的特点，大学董事来源主要是工商业界人士、社会名流、政府官员等社会知名人士，他们代表社会各界的不同利益。董事会成员结构是否

---

❶ 大卫·科伯. 高等教育市场化的底线 [M]. 北京：北京大学出版社，2008.

❷ 戴晓霞，等. 高等教育市场化 [M]. 北京：北京大学出版社，2004：39.

❸ D. J Farrington. "Universities and Corporate Governacne：a Model for the Future" Corporate Governance [J]. Hume Papers on Public Policy，1995，3 (4).

合理，决定了董事会能力的强弱，关系到学校的发展。由校外人士组成的董事会在引导大学与社会发展方面发挥了桥梁与纽带的作用。无论公立学校还是私立学校，他们面对的现实挑战是一样的。大学的治理机构要能够代表社会各界的利益，使学校能够建立符合市场和社会需求的灵活办学机制。

美国大学和学院董事会协会认为，外部人士治理是确保美国高等教育质量和自主性的唯一有效方式。[1] 美国董事会的发展，并非否定教授治校，而是认为教授治校容易使教授角色混淆，且教授治校也有可能违反利益回避的原则，教授有可能因为本位主义作祟导致学校纷争与不思进步，反之，由董事会治理校务，由于董事并非学校的教授，而是来自地方士绅，且多热心于教育，能促进邻近社区与大学间的互动与结合，董事会可成为阻绝外来不当势力与干预，发挥护城河的功能，扮演学校与教育之间的缓冲器。因此美国认为教授的权力与责任应仅限于与学术有关事项，如课程设计与授课方法或入学资格审查等。至于其他有关大学校务发展、财务计划、财产管理以及校长等重要人事的选任等，则应由董事会做决策，教授最多有建议权[2]。

德国大学也建立了由政府、学校和社会机构共同参与的多元主体治理体系。多元主体参与大学的治理，有利于权力的制衡和决策的公正。政府、校长等高级管理人员、教职工、学生、毕业的校友、当地社区以及社会公众等都与大学的生存和发展有密切关系。多元主体参与大学治理，是现代社会民主化发展的必然趋势。但是，这并不意味着所有主体参与大学治理的程度是相同的。在大学治理结构中，教授团体的成员占多数，以突出教授对学术事务的主导作用。在德国的“教授主导型治理模式”下，所谓的平等关系只能是教席教授。20 世纪 60 年代以来的教育民主化运动，保证了大学各成员参与决策的平等性。尽管学者对于其他主体参与学术事务持不同观点，但是毫无疑问，从法理上讲，大学生也享有学术自由。特别是决策时，只有遵循正当程序原则，才可以减少错误的可能性。

在一个多元化的社会中，第三部门的力量越来越有影响力。作为一个利益相关的大学，要建立多中心治理的机制，协调多方利益，最终形成合作伙

---

[1] AGB. Annual Report [R]. 2002: 3.

[2] 阚方圆，彭庆文. 管理主义与学术自由孰是孰非 [J]. 当代教育论坛，2007 (11): 11-14.

伴型关系。

就我国目前而言，大学董（理）事会不是决策机构，我国可以通过建立大学董（理）事会制度来健全社会支持和监督学校发展，探索高校与行业、企业共建的模式，提高高校与社会的互动能力。在条件成熟的时候，大学董（理）事会也可以成为一个决策部门。

8.2.3　构建参与型的政府管理模式

集权与分权，这是政府治理和大学治理躲避不了的问题。从外部治理体系上看，大学治理不仅要处理好集权管理与分权管理，还要处理好中央和地方之间的关系。首先，确立政府的角色。在全球化背景下，社会政治经济文化发展越来越复杂，高等教育领域所出现的问题是前所未有的，政府管理的模式也在发生变化。为了提升国家的竞争力，各国政府都在积极推进政府再造工程。其中，改变政府的角色、精简政府机构已经成为分权化改革的基本趋势。大学外部权力中，市场机制和行政机制同时在大学中发挥作用，两者之间的合理平衡，既能解决大学治理的经费问题、效率问题，也能解决大学的官僚化问题。因此，政府角色应重新定位，从“管制型”政府转变为“服务型”政府。❶ 其次，提高地方管理教育的积极性。中央的重心应该集中在立法和监管，由地方政府解决大学投资管理。

今天，高等教育的外部环境发生了深刻的变化，一向以学术自治著称的英国大学也开始面临很多挑战。从英国大学董事会制度的演变，我们可以看出大学内部治理受新公共管理思想的影响，政府开始完全卷入或直接干预高等教育事务，通过政府的资助政策和市场化策略，通过一系列评估和质量控制、改组大学基金委员会，成立大学拨款委员会，市场权力进一步侵蚀了大学的自治。法国的中介机构，虽然与英国的拨款委员会不同，但是它们的功能是一致的，都是在政府与大学之间发挥沟通、协调和缓冲作用。教育中介组织的产生，是民主参与和教育专业化发展的需要，是从全能型政府向有限型政府转变，从直接管理转向间接管理的内在要求。中介组织被克拉克称为“缓冲器”，这些中介机构有行业性权益和自律组织，有质量认证和评估机构，

---

❶ 钱伟. WTO 与政府的高等教育管理 [J]. 高教探索，2007 (1)：14-18.

还有咨询服务类的中介机构。这些中介机构可以避免政府对大学的直接干预，也可以很好地为大学提供服务。[1]

在全球化背景下，高等教育领域中，政府角色要从政府控制模式向政府监督模式转变，要实现行政权力的去中心化，寻求行政力量与市场驱动的平衡；重新定位政府角色，从“掌控人”转变为“监督者”；从“管制型”政府转变为“服务型”政府，主要通过立法、规划、拨款、监督等手段实现对高等教育的管理。[2] 政府对高等教育的投入不能直接干预高校的治理方式，政府对教育的管理应该是间接的法治化管理。在投入的方式上，应该成立专门的高等学校拨款机构，在业务上接受政府的指导，在运作上具有相对的独立性。

8.2.4 制定社会参与的大学评价标准

从高等教育的发展趋势看，大学的竞争开始从国内竞争走向国际竞争，追求学术卓越是各国大学发展政策的重点。要建立一套科学的大学评价标准，将大学评价权力交予社会。在大学评价过程中，应该制定出一个较为科学合理的大学评价标准。大学评价的内容除教学科研水平、教师队伍结构、设施设备、管理机制、财政经费、学生就业状况等外，还必须包括社会评价方面的内容。大学评价的主体应该是多元化的，形式应该是多样的，既有全国性的大学评价机构，也应该有专业性的大学评价机构。

8.3 我国大学的内部治理

8.3.1 尊重个体的民主参与权利

在大学治理的利益主体中，每个个体如教师、学生、职员、外部人士以不同方式参与了学校的治理。民主参与型治理的逻辑起点是尊重个体的权利。国家在管理大学时，要保护好大学中个体的权利，因为个体权利是国家权力

[1] 郑文. 英国大学权力协调与制衡 [M]. 北京：北京大学出版社，2011：218-219.

[2] 钱伟. WTO 与政府的高等教育管理 [J]. 高教探索，2007 (1).

的来源。因而，对于教师、学生、董事等的权利，要在法律上予以明确和保护。民主参与型治理应该明确不得随意剥夺和侵犯个体的人身自由权利。这些权利包括财产权、迁徙自由权、平等的政治参与权、结社权、表达权等基本权利。治理制度的改革，必然涉及很多人的切身利益，在改革的过程中，就要有权利的保护意识。民主参与型治理还应该赋予公民对违宪行为的司法审查的救济权利。权利是维护利益的手段，恰如德沃金比喻的，权利是"个人掌握的反对集体强制性的王牌"。[1] 司法救济是弱者行使权利保护的有效手段之一。在大学董事会治理中，同样需要司法救济。后文中会专门讨论学生的参与权利，这里从略。

8.3.2　实现互构共变的民主决策机制

大学在建立董事会制度时，要强调内部民主正当性，确保多元主体参与决策。对于民办大学的董事会制度，由于是社团法人，董事会成员要由社员选出。对于财团法人的学校，董事会成员由国家选任。国家在选任的时候，就要通过特别关注和救助弱势利益集团，使其有能力表达自身利益诉求。建立起多元利益的表达空间，形成一种公众广泛参与的多元的利益诉求机制，就能逐渐消除公共权力与个体利益的对立，使两者在互动形态下达到社会和谐。

大学董事会治理是多元主体民主参与决策的过程，决策坚持以人为本的价值取向，成员之间平等合作、共同参与、互构共变。从价值取向上看，民主参与型治理把人的发展、人的利益当作治理的出发点，变权力控制为权力服务，体现人的价值，彰显人的尊严。参与式管理的合理性的根据就在于这种管理合乎人自身的全面发展的需要，合乎人性的假定。

民主参与型治理也是多方主体参与治理和互相同构的过程。参与社会互构的生活主体是多种形式的，他们可以是不同的个体，也可以是不同类型的集体，任何一方的行动都自觉或不自觉地发挥着不同的建塑、塑构作用，并对他方的原有行动意义和性质产生某种影响。民主参与型治理模式发挥了政治权力、市场权力和社会权力的长处，体现了三种机制的平衡。

---

[1] 文森特．人权与国际关系［M］．北京：知识出版社，1998：170.

8.3.3 尊重多元参与的学术自由权

无论内部治理还是外部治理，大学的治理方式都不能改变大学的本质特征——学术自由。在第3章，我们探讨了各国对学术自由的保障。学术自由问题涉及的层面很多，有教师与大学之间、大学与学生之间、大学与政府、大学与社会等方面的关系。这些关系可能是统一的，也可能是对立的。大学是在斗争中实现自己的学术使命的。回顾历史，大学教育在中世纪时是备受压迫的，宗教以及世俗权力就像两座大山，将大学教育压在山底。这使大学的学术研究，失去了自由的空间，只能在脱离现实的“象牙塔”中生长。直到19世纪，德国洪堡冲破各种阻碍，高唱学术自由之歌，率先举起了大学改革的旗帜，柏林大学应运而生。神圣的大学殿堂又恢复了应有的生机和活力。到了19世纪中后期，美国大学也掀起了大学教育的改革，它们勇敢地吸收德国学术的精华和自由精神，并将其融入自己的实用主义精神，提出了大学教育应该为社会服务的新理念。大学学术自由的发展以及与社会之间的互动，反映了利益的冲突和协调。尊重学术自由，还要保护好学生的学习权，营造学术自由的环境，在谁来教和谁来学之间的冲突中调和不同的利益主体，安排好学术自主与群体合作。在我国，如何建构学术保护机制，如何行使学术权力，这些问题都有待探讨。譬如，学术权利是否为宪法上规定的权利？学术权利用什么方式来保护？学术评议会在现有的董事会制度下应该扮演何种角色，是与行政权力分而治之，还是与行政权力叠加？董事会是否要介入学术事务？这些都是理论和实践需要回答的问题。在互联网时代，学术自由的边界确实要加以审视，大学教师在享受学术自由时，还要受到学术责任和职业道德的限制。在美国，政府为了公共利益的需要也开始介入学术自由领域。例如，美国联邦政府制定的《国防法》《军人权利法案》《国防教育法》等在一定程度上限制了大学的教学自由。

8.3.4 完善民主参与的纠纷解决机制

治理制度还必须完善民主参与的纠纷解决机制。在大学治理中，从主体之间的纠纷看，有大学与教师、大学与学生、学生与学生、大学与外部人士之间的纠纷；从纠纷的事件来看，有教师聘任、学生处分、文凭发放等纠纷；

从纠纷处理的方式来看，有调解、申诉和司法介入；从申诉的类型看，有教师的申诉和学生的申诉；从纠纷与学术是否有关看可以分为学术性纠纷与非学术性纠纷。化解高校内部纠纷，构建纠纷解决机制，既要提供权利救济的方法，也要明确师生权益的边界。我国正在完善申诉制度，创新纠纷解决的方式方法。

第一，树立民主参与权利观念。高校纠纷的化解需要教师和学生积极主动捍卫自身权益，去提升维护自身利益的观念。培养学生权利观念，还能够引起公众的集体反思，对大学治理中出现的问题加以系统性解决，最终提高大学的治理水平。

第二，完善申诉制度的运行机制。申诉制度是高校内部纠纷解决机制的重要一环，对维护师生权利发挥着至关重要的作用。明确申诉机构的独立性，拓展申诉机构成员来源，扩大申诉机构的受理范围。

第三，建立解决多元纠纷的衔接和沟通机制。将调解制度贯穿于各种重要的纠纷解决机制之中，建立申诉、仲裁、复议制度与诉讼制度之间的沟通机制。

第四，健全高校纠纷解决机制的相应法律规范和程序。制定专门的高等教育纠纷处理办法，将有关救济制度具体化，颁布相关的实施细则。

8.4　大学治理结构的优化路径

大学治理结构，是现代大学制度在治理层面所形成的制度化结构，并且通过大学各方利益相关者之间的权力分配和制度安排来达到权力主体之间的分权制衡。大学治理结构作为高等教育治理的载体，建立权力运行科学、组织架构合理的治理结构是实现高等教育善治的基础。

2014 年，中共中央办公厅印发《关于坚持和完善普通高等学校党委领导下的校长负责制的实施意见》，教育部颁布实施《高等学校学术委员会规程》（以下简称《规程》）和《普通高等学校理事会规程（试行）》（以下简称《规程（试行）》）。2018 年 12 月 29 日，全国人大常委会修订了《中华人民共和国高等教育法》，这些法律法规及政策基本完成了高校内部治理结构设计，把高校内部的权力分为政治权力、行政权力、学术权力、民主管理和监督权力。高校政治权力的行使在于党委，行政权力的行使在于校长，学术权力的行使在于学术委员会，民主管理和监督权力的行使在于教职工代表大会及群众组织。各项权力在不同利益主体之间的分配和运行状况会对大学的治理效率和水平产生直接影响。党的十八届三中全会通过的《中共中央关于全面深化改革若干重大问题的决定》提出了深化教育领域综合改革的任务，要求完善学校内部治理结构。完善大学治理结构的核心是建立健全立德树人的治理理念、制度框架和运行机制。

第一，要明确大学与政府之间的关系，建立法人决策的权力治理结构。通过立法明确政府与大学各自的职能职责，实行管办分离，走自主化、公司化或民营化道路。《中华人民共和国民法典》第八十九条规定，事业单位法人设理事会的，除法律另有规定外，理事会为其决策机构。事业单位法人的法定代表人依照法律、行政法规或者法人章程的规定产生。第六十条规定，法人以其全部财产独立承担民事责任。公立大学虽然是事业法人，但是因为财产所属问题导致公立大学不能很好地享有独立的民事权利，当然也就不能很好地开展民事活动，更不能完全承担学校的民事责任。根据2014年教育部《规程（试行）》第2条的规定，公立高校理事会仅参与高校决策的咨询、协商与审议，并负责监督筹措资金的使用。教育部的规定显然与《中华人民共和国民法典》的规定是不一致的。作为下位法的行政规章，是要服从法律的规定的。因此，未来的趋势必然是理事会负责大学的重大决策、资产权益和经营者聘用，负责大学的投资、建设、运营、管理和考核，确保政府办学宗旨的实现和国有资产运营的安全有效。政府主要履行对高等教育的统筹规划、政策引导、监督管理等宏观职能，大学则对教学科研、学科专业和管理机构设置、人事分配制度、资产资源分配使用等负责。理事会成为决策机构，既是现有法律的规定，也是未来改革发展的一个较好的方案。理事会的代表可以涵盖政府、事业单位、社会组织、企业等领域的人员。

第二，要处理大学与社会的关系，建立产学结合的融资治理结构。加强校企合作办学的体制改革，建立董事会、专家委员会、研究所、股份制企业、合作项目部等多种组织形式。依托行业产业内知名企业，建立专业指导委员会，引入行业职业标准。重视发挥企业、行业组织和社会团体在大学治理中的作用，推动大学更好地适应经济社会发展需要。

第三，要正确处理党委领导与校长负责的关系，建立权力制衡的执行治理结构，要明确党委书记与校长权力的界限。党委书记与校长行政级别相同，校党委并不拥有对校长的任免权，两者容易产生权力交叠而引发权力冲突。根据有关法律法规和政策规定，高校党委作为领导核心，除了管党的建设、思想政治等工作外，还要负责学校重大决策、重要人事任免、重大项目安排和大额度资金运作“三重一大”等事项的决策。党委职责提到的“讨论决定事关学校改革发展稳定及教学、科研、行政管理中的重大事项和基本管理制度”，与校长职责“全面负责学校的教学科研和行政管理工作”有明显交叉与重叠，因此导致了一些权力运作不协调的弊端。要通过健全和完善议事规则和决策程序，确保大学党政各司其职、各负其责。同时，强化民主协商意识，弘扬优良传统作风，做到团结协作、密切配合。

第四，要正确处理行政权力与学术权力的关系，建立权力的监督评估治理结构。大学内部行政权力过于膨胀，容易导致大学治理的科层化和官僚化。要通过深化改革，促使大学行政权力为师生和教学科研服务，提高大学的治理效率。

《中华人民共和国高等教育法》规定大学学术权力机构的职责是“审议学科建设、专业设置、教学科研计划方案，评定教学科研成果”等。《高等学校章程制定暂行办法》、《高等学校学术委员会规程》（教育部令第 35 号）文件中，赋予了学术权力机构以决策权。按照以上规定来，学术权力机构的职责主要包括学术审议、学术评价、学术咨询和学风维护。大学加强学术组织建设、完善学术管理制度、强化学术权力作用，通过完善学术权力机构，成立学科建设委员会、学位评定委员会、学风建设委员会、教学指导委员会等专业委员会，发挥专家教授在学术评价、学科专业建设、学术资源配置等学术决策和管理中的重要作用。进一步完善监督制衡机制，达到学术权力与行政权力相互制约，减少腐败滋生的可能性。

8.5　大学治理的学生参与权保障

治理制度的发展，证明了参与权的重要性。本节以学生的参与权为例，说明治理制度中学生参与的内容、方式以及对大学治理的意义。[1]

8.5.1 高校学生参与权的内涵

大学生参与大学治理是世界高等教育民主化的需要，是大学善治的内在要求。关于大学生参与权的研究，目前还处在初步阶段。在全面依法治国的背景下，高校学生参与权的研究应该得到应有的重视。

从大学治理的权力关系角度看，包括大学的外部权力关系与大学内部的权力关系。而在内部治理问题上，学者们的焦点主要集中在学术权力上，如处理好高校内部的政治领导权力、学术权力、行政权力和民主管理权力[2]，如何恰当使用学术权力。也就是说，大学治理涉及的是利益相关方谁来行使学术权力，如何行使学术权力。学生参与权是指学生参与学术性与非学术性事务的所有事项及活动的权利总称。从法理上看，学生民主参与权包含三层含义。

1. 从权利主体看，学生参与权是个体或群体的一种权利

学生参与权既是个体性权利，也是群体性权利。学生参与权表现为个体性权利指学生有知情权、选择权、监督权、申诉权。学生有权了解入学、升学、进修、培训等方面的一些信息，有权选择接受什么样的教育，在权利受到侵犯的时候有救济的权利。这些权利就是学生的个体性权利。

学生参与权表现为群体性权利指的是学生通过学生会、社团及其他组织形式行使民主参与的权利。这种权利在法律上也得到了明确规定，例如《高等教育法》第五十七条规定的高校学生可以在校内组织学生团体；2017 年的《普通高等学校学生管理规定》第六条第（五）项规定，学生对学校与学生权益相关事务享有知情权、参与权、表达权和监督权。第四十条规定，学校应当建立和完善学生参与管理的组织形式，支持和保障学生依法、依章程参

---

[1] 郭春发，孙霄兵．大学章程制定中要认真对待学生参与权［J］．中国高教研究，2012（11）：21-26.

[2] 秦惠民．我国大学内部治理中的权力制衡与协调——对我国大学权力现象的解析［J］．中国高教研究，2009（8）．

与学校管理。夏民等学者提出，大学生参与权包含建议权、行动权、决策权。[1]。以此论之，学生参与权的法律规定中还缺少决策权这一部分内容。

2. 从权利内容看，学生参与权是指学生参与学术性事务与非学术性事务的资格与能力

从第二层内涵上看，学生参与权表述的是学生参与学校管理的一种资格和能力，包括学生参与管理的程度与资格两个方面的内容。学生参与权的实现会因人而异，能力差别很大。从高等教育上看，学校与学生的关系包括入学关系和在学关系[2]，这两种类型的法律关系都表现为学生的参与权的取得与实现程度，都表现为一种资格和能力。从内容上看，学生参与权是以学术性事务和非学术性事务为主要内容的权利。

在学生参与权的两方面内容中，学生参与学术性事务引起的争议比较大。反对方认为阐述教育目的主体是教师或教育者，阐述教育目标是教育者的特权[3]。支持方认为，学生与大学教授相同，都是大学的主体，不仅有学术研究的自由，也有受教育的权利[4]。在教育过程中，学生地位的重要性凸显使高校不得不认真对待他们的立场和观点。因为学生毕竟是高等教育的实际消费者，许多学术性事务的决策会对他们产生直接的影响[5]。最重要的是，他们所接受的教育质量和教育类型会对他们未来的就业机会产生深刻的影响。折中者认为，从民主参与的角度看，学生的民主参与权要低于教师的民主参与权，因为学生在校时间短，对学校的了解浅。德国有学者认为，学生参与学术行政，并不会产生宪法问题，但是在研究、教学与教师人事安排上，教授具有决定

---

[1] 夏民，庄倩如. 大学生参与权的法哲学思考——基于高等教育法治化的分析［J］. 江苏高教，2012，(4)：51-53.

[2] 申素平. 高等学校的公法人地位研究［M］. 北京：北京师范大学出版社，2010：168-178.

[3] R S Peters. Democratic Values and Educational Aims［J］. Teachers College Record，1979（3）：463，482.

[4] 谢瑞智. 宪法新论：2000 年增订版［M］. 台北：正中书局，2000：255-256.

[5] Gould S B. Trustees and the University Community［M］//J A Perkins（ed.）. The University as an Organization. New York：McGraw-Hill，1973；McGrath E J. Should Students Share the Power?［M］. Philadelphia：Temple University Press，1970.

性的影响力❶。美国有学者认为，学生参与权不能够妨碍大学教师的学术自由❷。

应该看到，学生参与学术性事务是一个渐进的过程。20 世纪初，美国多数高校学生参与管理的事务只限于与生活质量有关的问题。1968 年学生运动以后，许多高校的学生要求参与教师的聘任、解雇和有关课程设置的决定。随着消费者第一的思潮兴起，学生的倾向和选择越来越受到重视❸，与此相比，法国大学的学生参与程度要高一些。1968 年的《法国高等教育法》就明确提出了“自治”“参与”的原则。法国学生和教师一起，加入了各级行政和咨询机构，与行政部门的人员一起讨论问题❹。在西方大学的自治环境中，学生的学习权利、民主权利越来越受到重视和尊重。

3. 从权利的层级看，学生参与权是通过宪法和普通法规定的各种权利

从宪法层面看，学生民主参与权包含了宪法规定的公民基本权利。民主参与权是个人行动的自由。权利就是一种作为或不作为的选择自由，自由就是用自己的判断和理性认为最适合的手段去做任何事情的自由❺。大学生的参与权首先表现为宪法层面规定的人身自由、基本权利的保障等教育自由❻。首先，依据《中华人民共和国宪法》第二条的规定，公民依照法律规定有通过各种途径和形式参与管理国家事务、管理经济和文化事业、管理社会事务的权利。其次，学生参与权表现为教育法规定的受教育者的权利。1998 年通过的《中华人民共和国高等教育法》第十一条规定，“高等学校应当面向社会，依法自主办学，实行民主管理”。《学生管理规定》第四十一条规定，“学校应当建立和完善学生参与民主管理的组织形式，支持和保障学生依法参与学

❶ 周志宏. 学术自由与大学法［M］. 台北：蔚理法律出版社，1989：70-71.

❷ Smith G P. Student rights of passage: a full or limited partnership in university governance［J］. Journal of Law & Education, 1980 (1).

❸ 陈学飞. 美国、日本、德国、法国高等教育管理体制改革研究［M］. 北京：教育科学出版社，1995：37-39.

❹ 陈学飞. 美国、日本、德国、法国高等教育管理体制改革研究［M］. 北京：教育科学出版社，1995.

❺ 霍布斯. 利维坦［M］. 黎思复，黎廷弼，译. 北京：商务印书馆，1996：97.

❻ 金生鈜. 保卫教育的公共性［M］. 福州：福建教育出版社，2008：164-169.

校民主管理”。最后，学生参与权还表现为权利受到侵害时要求救济的权利。

总而言之，学生参与权的含义是多层面的。在第一种情形中，参与权表现为不同类型主体的权利；在第二种情形中，参与权表现为不同的参与内容；在第三种情形中，参与权表现为不同层次的权利。

8.5.2 治理制度要处理好学生参与权的内外部因素

作为一个组织，高校的自主管理权是通过行使学术权力来实现的。这种权力和学生的参与权利必然符合一般的权力与权利基本表现形式，也就是一种“扩张性”与“防御性”、“支配性”与“服从性”、“自为性”与“他为性”、“必须为”与“可以为”之间的冲突关系[1]。这些冲突主要来自内外部两方面的因素。外部因素主要表现为制度、法律等方面，内部因素主要表现为主体内在的行为能力、反思能力和自组织能力等方面。大学章程制定过程中要实现权力与权利的平衡制约，而要实现大学治理的法治化、民主化，就要保护好学生的参与权。

1. 影响高校学生参与权的外部因素

影响学生参与权的外部因素主要有法律、学校规章制度等的限制，这些因素涉及合法性和合理性问题。有些规定合法，但不合理；有些规定合理，但不合法。只有从制度层面消除这些不合理、不合法的因素，才能真正地实现学生的参与权。而解决这个问题的关键在于界定高校与学生的法律关系。从目前学界观点看，高校与学生的法律关系主要有平权论、隶属论和综合论三种观点。平权论认为两者之间的法律关系是一种平等民事法律关系，隶属论认为两者之间的法律关系是一种行政法律关系，综合论认为，两者之间兼有平权关系和隶属关系。主张两者之间是特别的权利关系就是综合论的一个代表。但是这种特别权利也是有缺陷的，正如有学者指出，特别权利关系不适用于学生受法律保护的基本权利[2]。从司法实践看，我国学生权利的行政诉讼受理仅限于学历和学位问题。在这个意义上，特殊权力关系只是解释了两

---

[1] 蔡春. 在权力与权利之间教育政治学导论 [M]. 北京：北京师范大学出版社，2010：194-196.

[2] 秦惠民，管理行为的合法与非法 [J]. 中国教育法制评论，2006 (4).

者之间包含了平权和隶属的法律关系，但是没有解决基本权利保护的问题。我们认为，教育法律关系既不纯粹是一种行政法律关系，也不纯粹是一种民事法律关系，而是一种社会性的法律关系[1]。这种社会性的法律关系也是综合性的法律关系，有平权的，有隶属的，但是社会性的法律关系还包含了宪法保护的内容。在平权的法律关系中，例如，学校与学生之间的教育合同问题，可以通过民法来调整；在隶属的法律关系中，如学生的学历授予问题可以通过行政法来调整。除此之外，我们还要解决如何保护其他的教育法律关系的问题，例如入学关系、在学关系等。要解决这个问题，我们不能在教育法律关系究竟是公法还是私法问题上纠缠，而是要在基本权利与普通权利的司法救济上找到突破口。例如，在入学问题上，学生是否受到了平等的对待；在学业评价问题上，是否存在着歧视；在学生权利救济方面，是否给予了正当的程序。这些问题，不管发生在公立学校还是私立学校，都会产生合宪性问题。因而，对学生民主参与权的保护首先要区分其是宪法权利还是合同权利。对于高校与学生之间的合同关系，其救济方法是不存在争议的，人们的争议主要在于宪法上规定的基本权利没有适当的救济途径，这才造成人们对高校与学生之间的法律关系模糊不清。各地法院是否受理受教育权诉讼案件以及判决的不一致的根本原因也在于此。章程作为学校的根本制度，要实现法律规定和学校具体实际的结合，既体现法律政策的宏观要求，又体现了对学生民主参与权的保护，这样才能成为真正意义上的大学。推进章程建设要与深化依法治校紧密结合，以此来梳理学校内部管理体制，推动学校整体改革。

2. 影响高校学生参与权的内部因素

除了外部因素，还有一种是内部因素，内部因素指的是生理或心理因素。我们认为，高校学生民主参与的内部因素主要表现为学生的理性思维能力和高校学生自组织能力的缺乏。

（1）高校学生由于理性能力的缺失而影响学习自由。

学习自由或学习权利是学生个体参与权或学生参与学术性事务的权利。

[1] 郭春发. 试论教育法地位的独立性［J］. 浙江师大学报，2000（2）. 对于部门法的划分，有学者也主张科教文卫法是独立的法律部门，这也肯定了教育法律关系的综合性，参阅：张文显. 法理学［M］. 北京：高等教育出版社，1999：80.

学生参与的程度与学生的参与能力与学生的理性能力是高度相关的。高校学生在大学的学习，通过对学术研究过程的积极参与，得以培养自我独立思考的能力，以及确立追求真理的目标。从这个角度来说，学生适当参与研究事务是有利的。学生批判反思的最终结果不太可能改变人们与生俱来的责任、价值和信仰，反而会明确他们所熟悉的责任、价值、欲望目标和信仰。在信息时代，个体是否具有这样的反思能力，是个体能否做出正确选择的关键。特别是在网络时代，大多数青少年网民把互联网作为主要的信息来源。网络影响着青少年的知识结构、人际交往、思维方式和行为模式，已经成为青少年重要的生活方式和成长环境。如果在这样的环境中，个体缺乏一定的判断能力，就会出现价值观念混乱，信仰缺失的现象。

学生的参与能力主要表现为学生的反思能力，就其权利内容来看，主要表现为“学习自由”或“学术自由”。自由是通过权利来实现的，包括学习的否定权、学习的选择权和学习的创造权。[1] 洪堡指出，学生也有学术自由。他说：“教师和学生……他们在大学都是为了科学和学术。”[2] 克拉克提出，学生有充分的学习自由权，譬如对学习内容的选择权，对学习评价的选择权，学生可以“……从各种不同学科所提供的材料中自由地选择，当他们喜欢的时候可以变换大学，当他们感到准备好考试的时候参加毕业考试”[3]。现代教育的一些霸权导致了反思能力缺失，学习否定权就是对这些教育霸权的反对与拒绝教育预定的发展框架造成了个人和社会身上理性精神的缺失，学习选择权就是对某些虚假的教育自主的反叛与矫正。创造性学习打破教条式的授课方式，让学生自我发现，自我创新，学习创造权激活了学生的创新能力。因而，要将学习权保障确立为章程的价值基础，构建有利于学习权实现的教育法律与政策制度，最大限度地保障每个公民的学习权。

（2）高校学生由于自组织能力的缺乏而影响参与组织的权利。

大学治理在培育民主精神、促进组织自律等方面具有重要意义。当前，

---

[1] 徐乐乐．论学习自由的内涵、意义及限度［J］．教育导刊，2018（5）．

[2] 伯顿·克拉克．研究生教育的科学研究基础［M］．王承绪，译．杭州：浙江教育出版社，2001：6-7．

[3] 伯顿·克拉克．研究生教育的科学研究基础［M］．王承绪，译．杭州：浙江教育出版社，2001：7．

还存在一些制约学生组织发展的障碍因素。主要表现为：第一，学生组织参与大学治理的价值取向不明。高校学生组织的价值取向的两个基本维度，一是满足学生需要，二是满足大学管理的需要。这两层价值中，被忽略的往往是前者。就学生需要而言，大学组织的存在本身就是大学的意义所在，就是大学目的的组成部分，高等教育意味着学生开展自主的学习和生活。第二，学生组织参与大学治理的服务水平不高。学生组织是为大学生自我服务、自我管理而设置的，学生组织也有助于大学的正常运行，促进了大学教育的健康发展。有观点认为，学生组织的服务甚至是一种公共服务。“担任学生组织工作，实际是在担任一种大学里面的教育公职……其本质是一种公共服务。”❶从这种意义上说，学生自组织的发展就是要提高学生的参与能力。从法律层面看，学生组织的设立已有明确规定，但是学生组织参与的权利却没有受到应有的重视。《中华人民共和国高等教育法》第五十一条规定，“高等学校的学生，可以在校内组织学生团体。学生团体在法律、法规规定的范围内活动，服从学校的领导和管理。”虽然该条表明了学生组织的合法性，但是没有对学生组织参与管理做出具体规定。《中华人民共和国高等教育法》第十一条规定，“高等学校应当面向社会，依法自主办学，实行民主管理”，这里的高校参与权仅局限于教师的管理权，而对学生的组织参与权却没有涉及。第三，学生组织参与大学治理的范围偏小。以校务会议为例，其组成人员除了行政人员、教师，是否还要考虑增加一定比例的学生名额参与会议。通过制定和完善章程来保护和激励创新，发展学生自组织能力，促进学生自身由无序状态向有序状态发展。

8.5.3 完善治理制度中的学生参与权

1. 治理制度要突出学生参与权的地位，实现大学治理的合法化

我国高校治理模式已经发生了很大的变化，表现在高校与教师、学生之间的关系，既不是传统意义上的绝对的管理与被管理的上下级隶属关系，也

❶ 龙卫球．大学学生组织的问题与反思：2006 年 10 月 18 日在法大的讲座记录［J］．中国法学教育研究，2007（3）．

不是简单、完全的平等的民事法律关系，而是兼有双重属性特点的特殊的法律关系。在新时代的大学治理关系中，要明确学生参与权的地位。

毫无疑问，学生是大学治理中的利益相关者，也是大学治理的主体之一。按 Barnett 的话来说，学生是大学治理中的重要因素❶。参与权被认为体现了民主的理念，按这种理念决策时所有的声音都被认为是平等的。参与民主被认为有助于学生的成长与发展，从而在将来的生活中遵循民主的原则❷。大学治理应该建立以学生为中心的新的视角和就业模式。

学生参与权的地位要通过法律和大学章程来确立的。大学章程是大学治理的"宪章"，是大学得以建立，即大学获得合法地位的基础，它首先明确了大学的法律地位，并且从根本上确立了大学的管理运作体制❸。应该明确的是，大学章程中尤其要对学校规章制度中涉及的重要的关系、权利、义务以及学校管理与运行的基本原则及方法做出规范，也只有这样，才能解决学校规章制度的合理性与正当性问题。从法律层面看，学生参与权的地位还是通过宪法法律来确立的。在涉及学生参与权时，规章制度不应实质性地损害或剥夺权利本身。学生的参与权包括宪法层次基本权利、自由等内容时，大学的章程对学生参与权的相关规定不能与之相冲突。对于影响公民受教育权的重要事项，如招生不录取、退学、开除学籍这种使学生丧失受教育机会的事项，其基本原则就不是简单地依据章程行事，而必须依据法律规定作出明确的规定，对相关的权力的行使制定好权限范围。在其他不涉及学生基本权益的方面，如学校的作息时间、教学安排、评优奖励制度、住宿管理规定等问

---

❶ Barnett R A. Higher Education: Legitimation Crisis [J]. Studies in Higher Education, 1985 (3): 241, 255.

❷ Lijphart A. University "Democracy" in the Netherlands [M] //J. W. Chapman (ed.). The Western University on Trial. Berkeley: University of California Press, 1983.

❸ 大学自治的合法性首先要解决学校章程的合法性问题，关于这个问题的讨论可以参见：米俊魁. 大学为什么要制定章程 [J]. 高等工程教育研究，2006 (1): 33-35, 52；许斌华，陈金霞. 关于制定大学章程的若干思考 [J]. 载高等农业教育，2006 (10): 17-19；胡莉芳. 探究大学章程制定的核心问题与原则探究 [J]. 中国高教研究，2007 (10): 32-34；李昕欣，张德祥. 关于高等学校章程制定与实施的几个问题 [J]. 高等教育研究，2006 (9): 48-52；刘香菊，周光礼. 大学章程的法律透视 [J]. 现代教育科学，2004 (11): 52-54；于丽娟，张卫良. 我国大学章程的现状及建设 [J]. 江苏高教，2005 (6): 18-20；杨金玲，李福华. 我国大学章程建设缺失成因透析 [J]. 煤炭高等教育，2007 (1): 19-21.

题，学校也要以这些学生参与的原则来制定本校规则。

2. 大学治理制度中要规定学生参与的范围，逐步提高学术性事务与非学术性事务的参与程度

在大学治理民主化的背景下，学生参与权正在不断地扩张到学校各种事务的决策和管理上，包括民主选举、民主决策、民主管理和民主监督。大学治理就是学生民主参与的过程，这也是“以人为本”治理理念的具体体现。现行的法律也在不断拓展学生参与权的范围，其内容既包括学术性事务，也包括非学术性事务。《学生管理规定》对学生选课、转专业、休学等事项做了规定，在一定程度上认可了学生的学术性事务参与权。目前对于研究生的培育方面的学术事务的规定还欠缺，例如导师控制了研究生的毕业时间，发表论文的署名问题等。

从上述分析看，学生参与学术性事务是一个渐进的过程，各国大学对于学生的学术性事务参与权由完全排斥转向部分接纳。学生对学术活动的民主参与对于教学质量的提高也有很大裨益。如果我们认识到，学生的学术性事务参与权从根本上说是为了保护学生的学习自由权，那么我们在章程中就不应该对学生参与学术性事务的管理持怀疑态度。特别是，各国都通过宪法和普通法保护学生的学习自由权。德国有学者认为，《德国大学基准法》第三条第四款对研习自由的规定，就是学习自由的规定。日本主流观点认为，学习自由为宪法上关于学问自由的一部分❶。以此分析，学术自由就包括了教学自由、研究自由、学习自由的内容。我国宪法和教育法律、法规虽然没有明确规定学习自由权，但是宪法所规定的受教育的权利和文化活动自由，也可以看作对学习自由权的规定。根据学者的概括，受教育权的历史形态经历了宗教化范式、国家化范式、社会化范式和个性化范式等五个阶段，其中个性化范式阶段，个人不仅是受教育权的权利主体，也是受教育权的权力主体❷。受教育权从权利主体向权力主体的转变，意味着学习者对学习内容有决定权。正如美国教育家布鲁贝克所说的，学习权的内容包括学什么、什么时间学、

❶ 周志宏．学术自由与大学法［M］．台北：蔚理法律出版社．1989：196-197.

❷ 孙霄兵．受教育权法理学：一种历史哲学的范式［M］．北京：教育科学出版社，2003：461.

怎样学等方面的自由。[1] 陈刚认为，学习权的内容包括学习什么、如何学习、选择教师、选择学习环境、参与讨论与表达意见的权利。[2] 从学生的学习自由权的保障来看，高校要提供必要条件满足学生自由选课，合理延迟学生专业选择。

从参与程度上看，不仅要落实在学生的建议权、行动权，还要提升到决策权上。尤其是涉及学生重大利益问题上，从校纪、奖助学金、教学评价、后勤服务到学术事务，要让大学生享有一定程度的决策权。当然学术性事务的参与是有限度的，因为有些学术性事务以学生的能力和经验是无法做出正确的判断的。例如，人事安排、研究内容、教育方针等。因此对学术性事务的参与，应该主要侧重于可能涉及侵犯学生权利的内容。至于非学术性事务，章程中不应该做出限制参与的规定。

3. 大学治理制度中要明确学生组织的地位，畅通学生的民主参与渠道

学生参与民主管理的组织形式多种多样，有正式组织与非正式组织。正式组织有学生党组织、学生团组织、学生会等。非正式组织有学生社团、学生宿舍、网络组织、同乡会等。学校应创造条件，保证这些组织有参与相关学生利益决策的权利，从而提出意见、建议和质询，并对学校各项事务的进行有监督权等等。从学生作为消费者来看，高等教育作为一种的服务性产品，需要接受服务对象的提出建议、评价。实际上，学生还是高标的治理主体。恰如布鲁贝克提出的，“给学生以学院或大学的成员地位，很明显地高于把他当作一般市场中商店顾客的地位”。[3] 另外，也要重视学生组织的功能。高校对学生社团活动的管理，不能增加法律规定之外的过多限制。国家要尽快制订学生社团法律制度，对学生社团的法律地位、法律性质、成立程序、行政管理主体和管理范围等方面做出具体规定，统一高校对社团的管理行为，维护学生结社的权利。

从民主参与的渠道上看，应该创造条件让学生参与学校管理。放眼世界，

---

[1] 约翰·S. 布鲁贝克. 高等教育哲学 [M]. 王承绪，译. 杭州：浙江教育出版社，1998：58.

[2] 陈刚. 学习自由限度之研究 [D]. 汕头：汕头大学，2007.

[3] 布鲁贝克. 高等教育哲学 [M]. 郑继伟，等译. 杭州：浙江教育出版社，2002：152.

国际上多数国家都开始吸纳学生加入高校治理结构中。例如，《法国高等教育法》就规定了大学章程中要设置学生事务委员会，由 20~40 人组成，教学研究人员和学生一般占 75%~80%（两者代表比例相同）。[1] 大学章程中，应当建立学生代表参与大学治理的制度。

8.5.4 完善纠纷解决机制，保障学生参与权的顺利实现

首先，大学治理制度要建立解决学生参与权纠纷的组织机构。《学生管理规定》建立了高校学生申诉制度，把学校管理的自由裁量权限定在了一定的范围之内，对保护学生的合法权益有重要意义。依照这一规定，校内申诉的受理机构应当是学生申诉处理委员会。《学生管理规定》第六十条第二款规定，“学生申诉处理委员会应当由学校负责人、职能部门负责人、教师代表、学生代表组成”。这一学生申诉制度还存在诸多不完善之处，主要表现在申诉机构和人员配置尚不明确，申诉决定的效力不明确，申诉后的救济渠道不明确和校内申诉不够规范等问题。[2] 现有的申诉制度还需要进一步完善。为避免申诉制度容易流于形式。正因如此，有些地方政府的立法规定，学生可以直接向省级教育行政部门提出书面申诉。要使申诉机构发挥作用，就要对申诉机构的人员组成、比例按照公平公正的原则来设置，其中学生的比例不能低于三分之一。

其次，大学治理制度应规定好申诉制度和诉讼制度的衔接。根据现行教育领域内法律法规的明确规定，高校与学生发生争议的解决途径有申诉和诉讼两种方式，就当前的实践而言，学生申诉制度是高校学生权益救济体系的主渠道，而司法介入只是个别现象。申诉制度有利于查清事实，维护学生的合法权益。申诉制度和诉讼制度如何衔接，首先要看这个纠纷是否具有可诉性。学生参与权纠纷中，有一些涉及学术问题，有一些涉及基本权利问题，有一些涉及民事权利问题，有一些是实体权利问题，有一些是程序性问题。对于这些问题，并不是所有的法律冲突都排斥司法审查。学生违纪行为中，有些属于学术不端，有些属于行为不良，对学术不端的处分，司法干预很少

[1] 参看《法国高等教育法》第 L953-6 条。

[2] 申素平. 从法制到法治——教育法治建设之路［J］. 中国教师，2021（12）：52.

介入；而对行为不良的处分，司法干预就是正常的状态。而实际上，多数纠纷都围绕着“能不能去诉”的问题展开。2017 年《高等学校学生管理规定》将学生申诉制度第六十条规定，学生对学校的处理或者处分决定有异议的，可以在接到学校处理或者处分决定书之日起 10 日内，向学校学生申诉处理委员会提出书面申诉。该规定未涉及校内申诉制度是否采取诉讼的前置程序，我们认为，对于可诉的案件，学生可以先申诉后诉讼。如涉及人身权、财产权的权利，涉及获得学历学位的权利等就可以考虑申诉前置程序。而对一些不可诉的权利纠纷，可以采用申诉终局制度。

最后，大学治理制度要通过规范学术管理来解决学生参与权纠纷。学术管理以学术性事务为对象，以学术性事务为内容。对学术活动的司法干预需要谨慎，但是对学术活动中涉及程序问题的事项，司法干预是合理的。因此，章程中要确立学术机构的合法地位和处理学术性事务的程序。制定大学章程的重要任务之一，就是要明晰关于大学重大学术性事务的决策机制，强化学术权力在大学治理中的主导地位。从欧美大学治理结构看，大学一般都有学术评议会。学术评议会主要负责本校的学术性事务，主要包括制定全校的学术政策、规划学科建设和发展、教师聘用、考核与晋升、教学、课程设置、学位事项、对外学术交流活动等。学术评价、学术决策和学术违纪的惩处都会涉及学生的根本利益，合理的学术性事务处理程序是保证学生合法权益不受侵犯的基本条件。学校在做出影响学生权益的行政行为时，必须按照正当法律程序，包括事先向学生说明事由和依据，听取学生的陈述、申辩，以保证所做出的处分行为公开、公平、公正。

完善和建立新型的高校学生民主参与制度，是完善大学治理制度的必由之路。大学章程中明确学生参与权，能减少高校自主管理权与学生参与权之间的冲突，提高大学治理的法治化水平。学生民主参与权的实现，是大学治理必要的组成部分，是大学治理法治化的必由途径。

8.6　以善治为目标的大学治理的现代化

从理论渊源和发展逻辑上看，中国传统社会一直存在着“善治”的思想，如孟子的“仁政”思想等。作为现代概念的善治，主要运用于公共治理、经济学、管理学等领域。大学是一个知识型的公共组织，将“善治”引入大学治理领域也是大学治理现代化的必然要求。与企业不同的是，大学不能以营利为目标。尤为重要的是，大学所承担的教育功能及社会价值是难以量化评估的，而建立善治应该成为大学治理的首要目标。褚宏启认为，教育治理的直接目的是善治；最终目标是“好教育”[1] 他把善治与好教育区分开来。胡敏则认为，大学善治是协调大学各利益相关者的相互关系的有效治理。[2] 可见，多数学者都意识到了，善治是坚持一定的伦理规范的治理，是利益协同的高效治理。总之，善治是多元治理主体共同参与协作以实现公共利益最大化的过程，其基本要素包括法治性、透明性、责任性、回应性、参与性、有效性等六个方面。建立完善、健全的大学治理机制，确立好大学内外部权力分配关系，大学内部组织设计及运作，大学内部决策过程中的权限分配，内部成员含教职员及学生参与决策的方式及程度等，最终尚需虑及大学所应承担的社会责任，故大学组织设计及其制度运作制度，包括完善的校长遴选制度、教师评审、评价制度、校务会议及校务评价等，并确实建立学校内良好的运作及治理结构，方能保证大学的理念及目标能有效实现，国家高等教育的治理能力更提升一个台阶。

---

[1] 褚宏启．教育治理：以共治求善治［J］．教育研究，2014，(10)：4-11.

[2] 胡敏．大学善治视野下学生利益诉求表达机制建构［J］．高教探索，2015，(10)：15-19.

第9章 结论与展望

9.1 基本结论

治理制度是大学治理的一种模式，是以大学法人制度为基础发展起来的规范。影响治理制度发展的有外部权力和内部权力，外部权力建构起外部规则，内部权力建构起内部规则，治理制度通过内部与外部规则、正式规则与非正式规则实现大学治理。

本书探讨了治理制度的发展模式、内在结构和演变规律，并以此分析了治理制度引入以后是否会引起法律冲突，是否会对学术自由造成阻碍，是否能提高大学的绩效做了回答。

近代以来，我国大学的治理主要是模仿现代西方大学或追溯西方源流为基底，从而构建出我国大学治理的基本框架。

清末以来因西学东渐造成了传统私塾和书院教育制度的解体，从而确立了西方现代化的大学治理体制。这些现代化的认知既有人才观、学术观、国家发展观乃至全球化等多方面的考量，也有在大学治理发展过程中，我国对现代化的新的认知以及自己的认知坐标和发展视角。

9.2 需要进一步研讨的问题

首先，本书将 Clark 对行政、学术、市场三体系之间的权力分析引入对大学治理模式的研究中来，方法较为创新，也需要进一步完善。例如，本书利用权力理论对治理制度在实际运行中的绩效评价还有待进一步探讨。

其次，随着高等教育的全球化发展，我国大学治理模式也从传统的政治、经济的角度，转向中、西文化特质的构建。

最后，本书运用法哲学方法对我国治理制度的路径依赖、委托代理关系、内外部治理体系和民主参与型规范等问题进行了研究。但是，治理制度与我国的内在适应性还有待深入研究。大学治理与改革已经走到了关乎中华民族复兴和中华文明与现代化的面貌呈现问题，我国大学治理体系和能力现代化的主体性应该如何体现等问题。

9.3 技术革命带来的挑战与机遇[1]

信息技术革命带来了大学治理的诸多应用场景，如以“技术赋能”方式在学分银行、档案管理、学历认证、征信管理、产学研合作等教育治理领域体现其颠覆性的应用价值。

9.3.1 技术革命带来的大学治理风险

技术革命带来的去中心化，对于社会治理来说极具变革价值。传统的以行政为中心的治理模式被变革为以数据为中心的治理模式。从治理结构来看，教育权力结构去中心化的同时也会逐步陷入“数字集权”的困境。新一代信息技术为大学治理结构走向数字化、扁平化与去中心化提供机遇。如马尔库塞所说的，技术理性将人与自然都变成组织中可替换的对象与物体。技术理性带来的灾难是，社会成为单面性社会，人成为单面性的人。技术理性把学生规训成为发展经济的工具，学生从入学开始已经被限定在学校、产业与经济发展框定的范围中。在技术理性的背景下，教育成为开发人力资源的技术工具与手段。

对于未来的高等教育发展方向，多数人并不愿意看到教育为社会经济所主宰。高等教育应该培养学生的自由性与独立性。教育的目的在于要促进个体成为自我教育的人，唯有个体获得自由与理性，社会才能获得理性与自由。

---

[1] 张双志，张龙鹏. 教育治理结构创新：区块链赋能视角 [J]. 中国电化教育，2020 (7): 64-72.

9.3.2 信息技术革命赋能教育治理结构创新

信息技术革命已经成为教育治理实现现代化的重要议题。

1. 创建完善的数据库是提升数据治理的物理基础

公共政策选择走向了科学化，在大数据时代，数据是治理最具有价值的资产，数据治理不仅改变了治理的理论模式，也改变了治理的实践模式（包括工作流程、资源配置、管理决策）。从数据治理的价值理念上看，数据治理可以解决事前监管和事后监管的不正当问题，成为解决治理公正问题的技术基础。从内部治理来说，信息革命是教学革命的技术基础，也能提升治理的改革。在工具层面实现技术赋能与因果机制研究的有效衔接，才能适应教育治理现代化的变革要求。

2. 建构合理的组织体系是治理信息技术安全的基本载体

现代技术的发展为高校治理提供了一种可行的组织架构，行政权力论的治理机制、市场权力论的治理机制以及学者中心论的治理机制都将受到新的冲击。信息技术的发展使得治理主体之间的地位平等、信息公开和权限共享。新的治理体系重组了公平、效率和信任的组织架构，成为实现教育治理现代化的有效承载工具。数字技术重构了治理主体之间的协同共进关系，实现深度融合，将局部分散的力量整合为有机的、系统的力量。

3. 制定多元参与的制度是实现信息治理技术善治的根本保障

现代技术的发展在改变高等教育治理结构的同时，也对现行高等教育法律法规提出了挑战。技术的创新一方面可能带来摧毁教育治理结构的技术力量，另一方面也可能带来实现教育的善治目标的技术方案。在一定意义上，技术只是工具和手段，而治理变革的意义是多方利益诉求能否得到满足。简而言之，就是那些治理相关方能否充分有序参与政策与法律的制定，从而实现善治的目标。

9.4 全球化带来的变革与机遇

所谓“全球化”，简单来讲，就是指随着世界各国在认知、贸易、经济、观点、文化等方面的交流日益密切，全球不断融合为一体的历史进程。特别是随着运输、互联网和基础通信行业的不断发展，极大地促进了世界各国的文化交流和经济的相互依赖。全球化的发展带来了世界政治、经济、文化等多方面的深刻变革。

在全球化的背景下，国与国之间的竞争不只是经济、军事硬实力的较量，更是文化、价值观念软实力的比拼。高等教育对政治、经济、文化等方面的独特作用，成为各国政府、企业和个人都关注的焦点。因此，高等教育的治理包含了多方利益的诉求和统整，对个人发展、企业获利、社会进步等都有推动作用。在全球化过程中，我们看到了全球的不同利益重构正在发生。

全球化所带来的信息网络的变革，不仅会改变人们的生活方式，也会改变文化及意识形态。全球化使得国际的交流与沟通更加迅速，也影响一个国家的教育发展。

在全球化的背景下，大学治理的影响因素越来越多。我国的大学治理不只是大学内部治理问题，更是国家战略发展和全球化趋势的反映。在全球化背景下，大学治理的结构重组已经影响了大学内部的不同权力关系，全球化与知识生产之间的关系，行政机制与市场机制对学术机制的腐蚀问题，让人们对高等教育未来发展及其学术工作面临的困境产生了深深的担忧。

20 世纪 80 年代初体制重建之后，我国的大学治理模式就舍弃苏联模式，改用欧美模式，至 20 世纪 90 年代中期之后，随着国际潮流快速调整、走向多元化，与世界名校交流并建立合作的渠道，成为我国大学国际化的指标。20 世纪 90 年代初以来，我国高等教育快速发展，并与世界接轨。从全球化中的权力下放、松绑、市场化等角度进行了改革。

在过去几年的全球化发展中，大学治理受美式教育体制影响颇深。20 世纪 80 年代以前，欧洲高校继承其传统发展，各有特色，不具有可比性。1999 年，29 个欧洲国家共同签署的《博洛尼亚宣言》（*Bolognal Declaration*）提出 2010 年成立“欧洲高等教育区”（European Higher Education Area）的构想，学制和治理模式开始仿效美国教育体制，提高治理效能。随着市场化与国际化的深入发展，大学教育功能不再只是培育学术人才，更强调培养专业人才。在激烈的国家教育市场竞争中，为提高竞争力，吸引各国精英人才，传统的研究型大学竞相进行课程改革，以企业理念进行课程创新，同时积极构建校际之间的策略联盟，以促进国际合作，拓展外部资源。受到高等教育追求卓越政策的影响，我国细化了高等教育机构的分层。

如今，全球化新的阶段面临更多不确定的影响。大学治理不只有国与国之间的竞争，还有国与国之间的联系与合作。大学教育作为一种准公共产品，必然要求从以国家利益为主转向兼顾国家利益、地区利益和全球利益，由以政治为中心转向兼顾政治、经济、文化等多元内容，由以自我保护、不受侵犯为出发点转向以合作共享为出发点。中国政府提出的“人类命运共同体”意识也是大学治理追求的目标。

9.5 结语

东方风来满眼春，这是高等教育发展的春天。翩翩飞鸿踏雪泥，这是大学治理改革的脚步。我们正处在历史的变局之际，推进高等教育治理体系和治理能力现代化的重大意义不只是增强了大学的治理能力，提升了治理效能，更在于为实现中华民族伟大复兴开辟了中国之治的新境界。在过去的几十年中，大学治理制度与实践的动力源于中国文化基因，源于社会主义体制的优越性，源于中国共产党领导下的丰富实践。我们应该看到，大学治理的制度和治理是相辅相成、相互支撑的关系，治理能力是制度实践的成效。在制度竞争的时代，制度的完善与成长是治理能力发展的前提。随着我国大学治理体系的不断完善，大学的治理能力将进一步提升，这也是中国大学走向治理现代化的必由之路。

参考文献

（一）中文部分

[1] 万清祥，魏海勇．行业特色大学董事会运行模式思考与构建［J］．中国高教研究，2011.

[2] 孙杰远．国家治理背景下大学治理现代化的本质与策略［J］．国家教育行政学院学报，2020（2）．

[3] 孙玉浩．世界海事大学董事会展望未来［J］．中国海事，2011（7）．

[4] 周建国．加强大学董事会建设　发挥大学董事会在高校改革和发展中的作用［J］．科技进步与对策，2005.

[5] 刘向东，陈英霞．大学治理结构剖析［J］．中国软科学，2007（7）．

[6] 董事会压力“离间”CEO？［J］．董事会，2010（5）．

[7] 万清祥，魏海勇．中美公立大学董事会运行机制比较与启示［J］．中国高等教育，2010.

[8] 吴宛稚．从耶鲁看美国私立大学董事会［J］．复旦教育论坛，2007（4）．

[9] 谢儒贤．董事会在社会福利机构中的运作和职责［J］．社区发展杂志，1999（86）．

[10] 李巧针．美国大学董事会、校长、评议会权力关系解析及启示［J］．国家教育行政学院学报，2007（11）．

[11] 丁宜丽．民办大学董事会结构及有效性分析——兼与美国私立大学董事会制度的比较［J］．浙江树人大学学报，2005（6）．

[12] 王宁．美国私立大学董事会制度的历史演变［J］．江苏高教，2009（2）．

[13] 甘永涛．大学董事会协会：影响美国大学治理的重要力量［J］．高等工

程教育研究，2009（6）.
[14] 张正峰．中国近代公立大学董事会制度：一次失败的美国大学制度借鉴［J］．清华大学教育研究，2009（6）.
[15] 孙浩，梁焱．浅议大学董事会［J］．中国冶金教育，1995（3）.
[16] 吴宛稚．美国私立大学董事会领导下的校长负责制［J］．理工高教研究，2007（2）.
[17] 王绽蕊．中国公立大学董事会：似"董"非"董"的迷局［J］．董事会，2007（8）.
[18] 王绽蕊．美国大学董事会制度：结构、功能与效率研究［M］．北京：高等教育出版社，2010.
[19] 侯玉文，韩勇，陈兰英．大学董事会"学建委"的实践及思考［J］．高教理论与实践，1997（2）.
[20] 侯玉文，魏向前，张美凤．高校董事会的理论与实践研究［M］．武汉：武汉理工大学出版社，2005.
[21] 郭为禄，林炊利．美国大学董事会的运行模式［J］．全球教育展望，2011（12）.
[22] 朱景文．比较法社会学的框架和方法——法制化、本土化和全球化［M］．北京：中国人民大学出版社，2001.
[23] 秦惠民．走入教育法制的深处——论教育权的演变［M］．北京：中国人民公安大学出版社，1998.
[24] 秦惠民．我国大学内部治理中的权力制衡与协调——对我国大学权力现象的解析［J］．中国高教研究，2009（8）.
[25] 孙霄兵．受教育权法理学：一种历史哲学的范式［M］．北京：教育科学出版社，2003.
[26] 孙霄兵．教育优先法理研究［M］．北京：教育科学出版社，2007.
[27] 孙霄兵．推进教育优先发展政策与制度建设研究［M］．北京：教育科学出版社，2010.
[28] 孙霄兵．知识社会与教育发展［M］．北京：教育科学出版社，2009.
[29] 孙霄兵．中国特色现代大学制度建设研究［M］．北京：教育科学出版社，2012.

[30] 劳凯声. 变革社会中的教育权与受教育权：教育法学基本问题研究［M］. 北京：教育科学出版社，2003.
[31] 贺国庆. 德国和美国大学发达史［M］. 北京：人民教育出版社，1998.
[32] 贺国庆，王保星，朱文富，等. 外国高等教育史［M］. 2版. 北京：人民教育出版社，2006.
[33] 贺国庆，等. 欧洲中世纪大学［M］. 北京：人民教育出版社，2009.
[34] 张斌贤，李子江. 大学：自由、自治与控制［M］. 北京：北京师范大学出版社，2006.
[35] 张斌贤，王晨. 外国教育史［M］. 北京：教育科学出版社，2008.
[36] 申素平. 高等学校的公法人地位研究［M］. 北京：北京师范大学出版社，2010.
[37] 严文清. 中国大学治理结构研究［M］. 北京：人民出版社，2011.
[38] 罗纳德·G. 埃伦伯格. 美国的大学治理［M］. 沈文钦，张婷姝，杨晓芳，译. 北京：北京大学出版社，2010.
[39] 郭卉. 权利诉求与大学治理：中国大学教师利益表达的制度运作［M］. 青岛：中国海洋大学出版社，2009.
[40] 韩春虎. 大学治理：一种科学发展视域下的制度安排［M］. 沈阳：辽宁大学出版社，2009.
[41] 程北南. 美国大学治理结构的经济学分析［M］. 北京：中国财政经济出版社，2009.
[42] 刘晖. 转型期的地方大学治理［M］. 北京：中国社会科学出版社，2008.
[43] 尹晓敏. 利益相关者参与逻辑下的大学治理研究［M］. 杭州：浙江大学出版社，2010.
[44] 李福华. 大学治理的理论基础与组织架构［M］. 北京：教育科学出版社，2008.
[45] 欧阳光华. 董事、校长与教授：美国大学治理结构研究［M］. 北京：高等教育出版社，2011.
[46] 张卫良，于丽娟，刘怀杰. 现代大学治理新论［M］. 长沙：中南大学出版社，2011.

[47] 李福华. 大学治理与大学管理 [M]. 北京: 人民出版社, 2012.
[48] 湛中乐. 通过章程的大学治理 [M]. 北京: 中国法制出版社, 2011.
[49] 湛中乐. 大学章程精选 [M]. 北京: 中国法制出版社, 2010.
[50] 湛中乐. 高等教育与行政诉讼 [M]. 北京: 北京大学出版社, 2003.
[51] 洪源渤. 共同治理——论大学法人治理结构 [M]. 北京: 科学出版社, 2010.
[52] 安宗林, 李学永. 大学治理的法制框架构建研究 [M]. 北京: 北京大学出版社, 2011.
[53] 李仁燕. 高校内部行政法律关系论 [M]. 北京: 中国政法大学出版社, 2009.
[54] 拉斯达尔. 中世纪的欧洲大学——大学的起源 [M]. 崔延强, 邓磊, 译. 重庆: 重庆大学出版社, 2011.
[55] 童星. 公共管理高层论坛 (第6辑) [M]. 南京: 南京大学出版社, 2007.
[56] 罗伯特·伯恩鲍姆. 大学运行模式: 大学组织与领导的控制系统 [M]. 别敦荣, 主译. 青岛: 中国海洋大学出版社, 2003.
[57] 张维迎. 大学的逻辑 [M]. 北京: 北京大学出版社, 2005.
[58] Philip G. Altbach, Robert O. Berdahl, Patricia J. Gumport, 等. 杨耕, 周作宇, 主审. 21 世纪美国高等教育——社会、政治、经济的挑战 [M]. 北京: 北京师范大学出版社, 2006.
[59] 查尔斯·林德布洛姆. 政治与市场世界的政治—经济制度 [M]. 王逸舟, 译. 上海: 上海三联书店, 1992.
[60] 黄福涛. 外国高等教育史 [M]. 上海: 上海教育出版社, 2003.
[61] 阚方圆, 彭庆文. 管理主义与学术自由孰是孰非 [J]. 当代教育论坛, 2007 (11).
[62] 金耀基. 大学之理念 [M]. 上海: 生活·读书·新知三联书店, 2001.
[63] 谷贤林. 美国研究型大学管理: 国家、市场和学术权力的平衡与制约 [M]. 北京: 教育科学出版社, 2008.
[64] 约翰·范德格拉夫, 等. 学术权力: 七国高等教育管理体制比较 [M]. 王承绪, 张维平, 徐辉, 等译. 杭州: 浙江教育出版社, 2001.
[65] 阎凤桥. 大学治理的文化意涵 [J]. 清华大学教育研究, 2020, 41

(1).
[66] 李立国. 大学治理的基本框架分析——兼论大学制度和大学治理的关系 [J]. 大学教育科学, 2018 (3).

(二) 英文部分

[1] Adrianna. J. Kezar. Understanding and Facilitating Organizational Change in the 21st Century: Recent Research and Conceptualizations [M]. San Francisco: In Jossey—Bass Awiley Company, 2006.
[2] Acherman, H. Central Strategic Governance & Decentralised Accountable Leadership: The Case of the University of Amsterdam [J]. EAIR/IMHE Conference Paper, 1998 (10).
[3] Ashby E, Anderson M. The Rise of the student Estate in Britain [M]. Cambridge: Harvard University Press, 1970.
[4] Association for Colleges. Model Code of Ethics [M]. London: Association for Colleges, 1996.
[5] Association of Governing Boards. AGB Statement on Institutional Governance [M]. New York: AGB, 1998. (Available at www. agb. org/governance. cfm).
[6] Becher A, Kogan M. Process and Structure in Higher Education [M]. London: Routledge, 1980.
[7] Boer H. de, Goedegebuure L. In Boards and Councils: Shaky Balancers Considered in the Governance of Dutch Universities [J]. Higher Education Policy, 1998, 11 (2/3).
[8] Braun D, Merrien F. Towards a New Model of Governance for Universities? A Comparative View [M]. London: Jessica Kingsley Publishers, 1999.
[9] Barbara A B. The board of directors [M] //T. D. Connors (Ed), The nonprofit management handbook: operating policies and procedures. New York: John Wiley & Sons, Inc, 1993.
[10] Boatright J R. Contractors as stakeholders: Reconciling stakeholder theory with the nexus - of - contracts firm [J]. Journal of Banking & Finance, 2002, 26 (9).

[11] Brown R. The governance of the new universities: do we need to think again? [J]. Perspectives: Policy and Practice in Higher Education, 2001, 6 (1).

[12] Brown W. O. Jr. University governance and academic tenure [J]. Journal of Institutional and Theoretical Economics, 1997, 163 (3).

[13] M D Cohen, J G March. Leadership and Ambiguity: the American College President [M]. Boston: Harvard Business School Press, 1987.

[14] J J Corson. Governance of colleges and Universities [M]. New York: McGraw-Hill, 1970.

[15] Dearlove J. The academic labour process: from collegiality and professionalism to managerialism and proletarianisation? [J]. Higher Education Review, 1997 (30).

[16] Dearlove J. A Continuing Role For Academics: The Governance of UK Universities in the Post-Dearing Era [J]. Higher Education Quarterly, 2002, 56 (3).

[17] Duryea E D. The Academic Corporation: A History of College and University Governing Boards [M]. New York: Routledge Falmer Press, 2000.

[18] Dewey J. Democracy and Education [M]. New York: The Free Press, 1996.

[19] Ehrenberg, R. G. Governing Academia: who is in charge at the modern university? [J]. New York: Cornell University Press, 2006.

[20] Eisenhardt, K. M. Agency theory: An assessment and review [J]. Academy of management review, 1989.

[21] Evans, E. M., Evans, W. D. No Good Deed Goes Unpunished: Personal Liability of Trustees and Administrators of Private Colleges and Universities [J]. Tort and Insurance, 1998, 33: 1107.

[22] Finlay, I. Living in an Entrepreneurial University [J]. Research in Post-Compulsory Education, 2006, 9 (3).

[23] Gray, H. Higher education institutions as corporations [J]. Perspectives: Policy and Practice in Higher Education, 1997, 1 (3).

[24] Hurrell, B. Governance codes, Perspectives: Policy and Practice [J]. Higher Education, 2001, 6 (1).

[25] Jensen, M. C., Meckling, W. H. Theory of the firm: Managerial behavior, agency costs and ownership structure [J]. Journal of financial economics, 1976, 3 (4).

[26] Kotowitz, Y. Moral Hazard [M] //Eatwell, John et al (Eds). Allocation, Information and Markets. New York: The New Palgrave, 1989.

[27] Kwickkers, P. Governing Governance: Organisation Law and Network - Process - Design [J]. International Journal for Education Law and Policy, 2006.

[28] Lever, J. Independent Inquiry Report [R]. Portsmouth: University of Portsmouth, 1996.

[29] H. Mintzberg. The professional Bureaucracy [M]. Englewood: Prentice - Hall, 1979.

[30] Mason, H. L. College and university government [M]. New Orleans: Tulane University, 1972.

[31] Martin, H. C. Trustees and academic policy [J]. Management Forum, 1974, 3 (3).

[32] Moodie, G. C., Eustace, R. Power and Authority in British Universities [M]. London: Unwin, 1976.

[33] Mortimer, K., McConnell, T. R. Sharing Authority Effectively [M]. San Francisco: Jossey-Bass, 1978.

[34] NAO Severance Payments to Senior Staff in the Publicly Funded Education Sector [M]. London: HMSO, 1996.

[35] National Audit Office. The Financial Health of Higher Education Institutions in England [M]. London: HMSO, 1996.

[36] Neave, G, Van Vaugh. Government and Higher education relationships across Three continents: The Winds of Change [M]. New York: Elsevier Scinece Inc, 1994.

[37] Nolan, Lord. First Report of the Committee on Standards in Public Life [R]. London: HMSO, 1996.

[38] Nolan, Lord. Second Report of the Committee on Standards in Public Life

[R]. London: HMSO, 1997.

[39] Nolan, Lord. Third Report of the Committee on Standards in Public Life [R]. London: HMSO, 1997.

[40] Palfreyman, D. Unlimited Personal liability for members of Councils and Boards of Governors [J]. Education and the Law, 1998, 10 (6).

[41] Rechard T. Ingram and associate. governing independent colleges and universities: a handbook for trustees, chief executives and other campus leaders [M]. San Francisco: Jossey-bass Publishers, 1993.

[42] Scottish Higher Education Funding Council. The Guide for Members of Governing Bodies of Scottish Higher Education Institutions and Good Practice Benchmarks [M]. Edinburgh: SHEFC, 1999.

[43] Shattock, M. L. Governance and management in universities: the way we live now [J]. Journal of Education Policy, 1999, 16 (3).

[44] Shattock, M. Re-Balancing Modern Concepts of University Governance [J]. Higher Education Quarterly, 2002, 56 (3).

[45] Shattock, M. L. Managing Governance [M]. Buckingham: Open University Press, 2003.

[46] Shattock, M. L. Managing Successful Universities [M]. Buckingham: Open University Press, 2003.

[47] Shattock, M. Managing Good Governance in Higher Education [M]. Maidenhead: Open University Press, 2006.

[48] Sizer, J. Accountability [M] //B. Clark, G. Neave. The Encyclopaedia of Higher Education, vol. 2, Analytical Perspectives. Oxford: Permagon, 1992.

[49] Sizer, J., Cannon, S. Autonomy, Governance and Accountability [M] //J. Breenan, et al. (eds) What Kind of University? Buckingham: Open University Press, 1999.

[50] Van Vught. Governmental Strategies and Innovation in Higher Education [M]. London: Jessica Kingsley, 1989.

[51] Van de Graaff, J. H. Academic Power: Patterns of Authority in Seven National Systems of Higher Education [J]. New York: Praeger, 1978.

[52] Watson, D. University Leadership: The Role of the Chief Executive. Higher Education, 2000, 43 (4).

[53] Warner, D., Palfreyman, D. Higher Education Management: The Key Elements. Buckingham: Open University Press, 1997.

[54] Warner, D., Palfreyman, D. Managing Crisis [M]. Maidenhead: Open University Press, 2003.

[55] Wolf, Thomas. Managing a nonprofit organization in the twenty-first century [M]. New York: Simon & Schuster, 1999.

[56] Wrong, D. H. Power: Its forms, bases, and uses [J]. Transaction Pub, 1979.

[57] Werner Zvi Hirsch, Luc Weber. Governance in higher education: the university in a state of flux [M]. London: Econonomica, 2001.

[58] K. Weick. Educational Organizations as Loosely Coupled Systems [J]. Administrative Science Quarterly, 1979, 21 (1).

后 记

在度过无数漫漫长夜之后，我不禁长吁一口气，行文至“后记”部分，也就意味着本书到了“谢幕”之时。生活拖曳下，日子磋磨中，青春在思考中流逝。这期间，无论你秉持一个主义，信奉一家神佛，依赖一种物质，还是皈依一种理念，都无法遏制激情的褪色。夜幕下，沉寂中，感怀莫名，神伤黯然，矫饰层层，却经不起一个梦的拆穿，无情地逼你正视真相。孤独、焦躁、抓狂层层袭来，虚弱地无力招架。常常因为没有思路，欲拿着地图，漫无目的地行走在田间地头，获取一些灵感。灵感，多么奇妙，常常是你遍寻不得，梦中却现的幻境。恰如缘分，来了挡不住，未至求不得。或在山脚，或在山顶，或在远处，让你有个清晰的认识和准确的定位。最糊涂的身在此山中，前不知路迢迢，后不知水长长。正如海子的诗中所说：“永远是这样，风的后面是风，天空上面是天空，道路前面还是道路。”

一条路，艰辛走过；一条路，风雨兼程；一条路，见证的是心路历程的巨变。正如我的师妹说的，一个人的路上，孤独是酒，寂寞是餐，自斟自品，这是一种别致的旅途。回首这转瞬即逝的三年多写作时光，此刻没有华丽辞藻的拷贝堆砌，没有为赋新词的推辞叠意，更没有矫揉造作的敷衍了事，我更愿将写作时光里所有给予我帮助的师长、同窗和亲友们一一铭记并永存感念。

衷心感谢我的恩师孙霄兵教授对我的谆谆教诲和悉心关怀。在我的写作过程中，他推荐阅读书目，送了我许多书。本书的撰写与修改的每一个环节无不凝聚着恩师的汗水和心血。恩师国际化的视野，前沿而精髓的学术造诣，严谨勤奋的治学风格，从容、乐观、豁达、以身立行的做人风格深刻影响着我。

感谢秦惠民教授的关怀。在就读人民大学博士期间，我与秦老师交流甚多。秦老师为人谦和，身兼多职，担负着繁重的行政管理工作和教学研究任务。尽管如此，他还是抽出了很多时间，与我们这些弟子一起聊学习、生活问题。他的教育法研究对我启发良多。

非常感谢教育学院胡娟教授、申素平教授、李立国教授、程方平教授、曹淑江教授、陈立鹏副教授、吴鹏副教授、杨海燕副教授、罗云博士、张东辉博士的指导和帮助！感谢公共管理学院蓝志勇教授、毛寿龙教授、康晓光教授等，法学院朱景文教授、朱力宇教授、王轶教授、马晓红教授、王旭博士给予的启发与帮助。感谢北京师范大学劳凯声教授、北京大学湛中乐教授的解释疑惑！感谢伦敦大学布克白法学院 Douzina 教授、UCLA 教育学院 Robert 教授提供的研究资料，感谢刘希明、刘妮娜、郭桂英等老师在学习中提供的帮助！

感谢宋学增、雷尚清、王世强、卢小溪、倪咸林、王晨、杨晨、李献策等同学的帮助！感谢杨娟、赵义华、黄海军等同学的学习经验分享。每一个过去的日子，都是你我相聚于此的记忆。愿各位来年与我一起分享心灵的感受！

感谢我的同学孙静、李娜、陈英霞阅读初稿。感谢燕儿、王青巧、赵张蕾、陈超莹对文字的校对。感谢孙静、王坚强、slowdown 提供的英语、日语、法语、德语译文帮助。感谢童里千、李燕燕对图表的技术支持。

特别感谢我的家人，是你们的关怀备至，使我有了一颗善良勇敢的心，也使我能够稳步向前、不断进步。在外求学漂泊已多载，亲情永远是我最温柔的港湾和最重要的支撑。感谢我的亲人对我学业的理解和支持。感谢女儿给予了我写作过程中的无穷乐趣。如果没有你们，我无法想象自己将如何度过这段极具挑战性的学习生涯，衷心祝愿我的亲人们健康幸福！

人生学无涯而知有涯，这只是我学习的一个新的起点。谨以此书献给所有关怀、帮助、支持、鼓励我的亲人、师长、学友和朋友们！

2013 年 6 月初稿

从书稿完成到现在，一晃七八年过去了。其间，我们又通过对德国、新加坡、美国等国家和我国香港、台湾等地区的多所大学进行实地考察与研究，增补了诸多案例和素材，对原书做了进一步的提升。我国大学发展的速度与我国经济发展速度一样，取得了令全球瞩目的成绩，大学治理的改革也在步步推进，许多当年看起来难以突破的理论问题早就在实践中轻而易举地得到了解决。从传统治理走向现代治理，从尾随西方亦步亦趋到讲好中国故事，我国大学治理体系和治理能力现代化也提到了新的高度。在原书基础上，我又增补了之后的改革案例和新的思考。

2020 年 6 月修订稿